古典文獻研究輯刊

十四編

潘美月・杜潔祥 主編

第7冊

劉敏中《中庵樂府》研究（下）

陳 珈 吟 著

國家圖書館出版品預行編目資料

劉敏中《中庵樂府》研究（下）／陳珈吟 著 ─ 初版 ─ 新北市：
花木蘭文化出版社，2012〔民101〕
目 2+162 面；19×26 公分
（古典文獻研究輯刊 十四編；第 7 冊）
ISBN：978-986-254-840-0（精裝）
1.（元）劉敏中　2.傳記　3.詞論　4.元代
011.08　　　　　　　　　　　　　　　　　101002983

ISBN-978-986-254-840-0

9 789862 548400

古典文獻研究輯刊
十四編　第七冊　　　　　　　ISBN：978-986-254-840-0

劉敏中《中庵樂府》研究（下）

作　　者　陳珈吟
主　　編　潘美月　杜潔祥
總 編 輯　杜潔祥
企劃出版　北京大學文化資源研究中心
出　　版　花木蘭文化出版社
發 行 所　花木蘭文化出版社
發 行 人　高小娟
聯絡地址　新北市永和區中正路五九五號七樓
　　　　　電話：02-2923-1455／傳真：02-2923-1452
網　　址　http://www.huamulan.tw 信箱 sut81518@gmail.com
印　　刷　普羅文化出版廣告事業
初　　版　2012 年 3 月
定　　價　十四編 20 冊（精裝）新台幣 31,000 元

劉敏中《中庵樂府》研究（下）

陳珈吟　著

附錄一：劉敏中生平簡譜

年　號	西元	重　要　紀　事
昭慈皇太后稱制三年	1243	一歲。 劉敏中出生。
憲宗五年	1255	十三歲。 某日，語其父景石曰：「昔賢足於學而不求知，豐於功而不自衒，此後人所弗逮也。」父奇之。元散曲家杜仁傑愛其詩文，亦亟稱之，號為「詞伯」。
世祖中統三年	1262	二十歲。 以儒貢轉補丞相掾。
世祖至元十一年	1274	三十二歲。 由中書省掾擢兵部主事，拜承直郎、監察御史。
至元十三年	1276	三十四歲。 時掾西曹。
至元二十年	1283	四十一歲。 為兵曹主事。
至元二十一年	1284	四十二歲。 三月，以宰相命市帛東路。
至元二十二年	1285	四十三歲。 弟劉乙病夭，年十七。
至元二十三年	1286	四十四歲。 與廣平安思承同為御史。 父劉景石卒，年六十八。
至元二十四年	1287	四十五歲。 生母魏氏卒，年六十七。 監察御史王約罷官。

至元二十五年	1288	四十六歲。 彈劾權臣桑哥，不報。由御史都司謝病歸濟南。
至元二十六年	1289	四十七歲。 復起為御史臺都事，累遷燕南肅政廉訪副使，入為國子司業，之後謝病歸濟南，開始長年隱居生活。
至元二十八年	1291	四十九歲。 權臣桑哥下獄伏誅。
成宗大德三年	1299	五十七歲。 冬，再至京師。遷翰林直學士，兼國子祭酒。
大德七年	1303	六十一歲。 春，奉使宣撫山北遼東道。遇守令侍貴倖暴橫者，一繩以法；裁冗濫，罷興作，抑豪強，勵風教，必務實惠。又，錦州雨水為災，相率就食它所，並發廩賑之。 大寧郡地震不已，乃陳九事於朝，以明治體：一曰重省臺，二曰明相職，三曰清省務，四曰正百官，五曰慎賞罰，六曰均榮辱，七曰嚴禁衛，八曰禁奢僭，九曰勵學校。
大德八年	1304	六十二歲。 三月，歸自京師。使還論績，為諸道最，授東平路總管，擢陝西行臺治書侍御史。雖有西臺之命，但病不果行，春日還繡江野亭。
大德九年	1305	六十三歲。 入為集賢學士，商議中書省事，進階嘉議大夫，上疏陳十事：整朝綱，省庶政，進善良，剔姦蠹，顯公道，杜私門，廣恩澤，實鈔法，嚴武備，舉封贈，皆切中時弊。
大德十一年	1307	六十五歲。 成宗崩，劉敏中因反對皇后稱制聽政，得罪掌權的後黨，被排擠出京。 五月，武宗登極，召敏中至上京，庶政多所更定，授集賢學士，兼皇太子贊善，商議中書省事，賜白金百兩，金幣二純。拜中奉大夫、河南行中書省參知政事，俄改治書侍御史。
武宗至大元年	1308	六十六歲。 春，謝病歸章丘，居繡水之上。
至大四年	1311	六十九歲。 庶事更新，以耆儒與議初政，眷遇優異，屢承宴勞，賜金幣白金，如大德故事。出為淮西肅政廉訪使，轉通奉大夫、山東宣慰使。
仁宗皇慶元年	1312	七十歲。 史臣奏纂修《實錄》，敏中被召為翰林學士承旨、榮祿大夫、知制誥，兼修國史。時以天變，詔公卿集議弭災之道，敏中疏列七事：畏天、敬祖、清心、持體、更化、察吏治、除民患，帝嘉納焉。

皇慶二年	1313	七十一歲。 庶事更新，以耆儒身分與議初政。
英宗延祐二年	1315	七十三歲。 以疾辭歸繡水，居畎畝，朝廷禮眷益加。凡朝廷有大制作，必遣使者即其居諭旨作焉。
延祐五年	1318	七十六歲。 秋九月八日薨。

附錄二：劉敏中《中庵樂府》箋注

凡　例

一、本卷所收劉敏中詞，乃據趙萬里校《校輯金元人詞：中庵樂府》，此本據元刻本《中庵集》卷二十四、二十五，收詞 144 首，並據元程鉅夫《雪樓集》補 1 首，據大典本（文津閣本）《中庵集》補 4 首，共收錄 149 闋詞。

二、卷中 149 闋詞之排列次序，係依照趙萬里校《全金元人詞：中庵樂府》所列之順序。

三、本卷各詞正文所使用之標點符號有三：「、」表句中讀；「，」表句，「。」表用韻。

四、本卷在趙校本正文之外，以清文淵閣《四庫全書》本重作校勘，以求精確。若於詞文中可推知寫作年代者，則予以編年。

五、各版本《中庵集》之文字不盡相同，異體字尤多，本卷俱以趙校元本爲主，不另標示。

六、卷中注釋條文係參考《教育部重編國語辭典修訂本》、《漢語大辭典》及元智大學羅鳳珠教授主持之《詩詞曲典故》網站，對於詞中人物生平，則根據《元人傳記資料索引》與相關史料文獻記載，有精簡之注解，如人物未詳其事歷者，不予列出。

七、卷中反覆出現之人物、詞語、典故等，於第一次出現時予以注解，之後爲避免重複累贅之嫌，不予重注。

《中庵樂府》目錄

一、〈木蘭花慢〉　　曉過盧溝

　　上盧溝一望，正紅日、破霜寒①。儘渺渺飛煙，葱葱佳氣，東海西山②。依稀玉樓飛動，道五雲深處是天關③。柳外弓戈萬騎，花邊劍履千官④。
　　　　寒窗螢雪一生酸。富貴幾曾看⑤。問今日誰教，黃塵疋馬，更上長安⑥。空無語，還自笑，恐當年、貢禹錯彈冠⑦。擬把繁華風景，和詩滿載歸鞍⑧。

【箋注】

① 上盧溝一望，正紅日、破霜寒：清早，我登上盧溝橋眺望遠方，正當旭日東升，一拂霜寒濃重的氛圍。盧溝：指盧溝橋，在今北京市廣安門西南，跨永定河上。建於金大定二十九年（1189），成於金章宗明昌三年（1192），橋身雄拔綿延，為元代名勝及入京交通要津之一。

② 儘渺渺飛煙，葱葱佳氣，東海西山：這裡化用了唐杜羔妻趙氏〈聞杜羔登第〉：「長安此去無多地，鬱鬱葱葱佳氣浮。」形容在水氣迷濛、晨霧繚繞之中，極目遠望京城，風光無限。渺渺：遼闊而蒼茫的樣子。宋王安石〈憶金陵〉詩之一：「想見舊時遊歷處，煙雲渺渺水茫茫。」葱葱：亦作「蔥蔥」。形容草木青翠茂盛或氣象旺盛。唐李白〈侍從遊宿溫泉宮作〉：「日出瞻佳氣，蔥蔥繞聖君。」東海西山：盧溝橋東西兩邊極遠之處，即京城附近的地理形勝。東海即渤海，永定河入北運河後北經天津入渤海。西山為太行山的支脈，作為北京右邊屏障。

③ 依稀玉樓飛動，道五雲深處是天關：京城巍峨華美的樓閣掩映在彩雲間，彩雲飄浮，看起來彷如樓閣飛動一般。此寫遙望京城的景象。玉樓：華麗的樓閣，此指皇宮。宋辛棄疾〈蘇武慢・雪〉：「歌竹傳觴，探梅得句，人在玉樓。」五雲：本為青、白、赤黑、黃五色祥雲，此為皇帝所在處。唐王建〈贈郭將軍〉：「承恩新拜上將軍，當值巡更近五雲。」天關：指宮廷。唐皎然〈覽史〉：「嘉謀匡帝道，高步遊天關。」

④ 柳外弓戈萬騎，花邊劍履千官：軍營外，萬騎持弓執戈，威武雄壯；朝廷內，千官重臣則是配戴劍履，尊貴顯達。此為對京華勝狀的聯想之語，並化用了岑參〈奉和賈至舍人早朝大明宮〉「花迎劍珮星初落，柳拂旌旗露未

乾」詩句。**柳外**：軍營周圍。柳，即柳營，漢周業夫爲將軍時，治軍嚴謹，曾駐軍柳營，後因稱嚴整的軍營爲「柳營」。唐盧綸〈送從叔程歸西川幕〉：「羣鶴棲蓮府，諸戎拜柳營。」**花邊**：與柳外對舉，指朝堂。**劍履**：重臣的地位尊貴顯達，黃帝特許上殿時可不解配劍，不脫履，以表示殊榮。宋蘇軾〈送周朝議守漢州〉：「謂當收桑榆，華髮看劍履。」

⑤ **寒窗螢雪一生酸。富貴幾曾看**：我一生刻苦讀書，寒酸清貧，卻視富貴如浮雲一般。**寒窗螢雪**：即囊螢映雪，借助螢火蟲的亮光和雪的反光讀書，形容寒士勤苦攻讀。車胤囊螢，典見《晉書‧車胤傳》：「胤恭勤不倦，博學多通。家貧不常得油，夏月則練囊盛數十螢火以照書，以夜繼日焉。」晉人車胤因家境貧窮，無力購買燈油，於是將螢火蟲放入囊袋中，用螢火照書夜讀。孫康映雪，典出《魏書‧孫康傳》：「孫康少清介，交遊不雜，家貧無油，嘗映雪讀書，後官至御史大夫。」**幾曾**：何曾、那曾。宋史達祖〈臨江仙〉：「倦客如今老矣，舊遊可奈春何！幾曾湖上不經過。」

⑥ **問今日誰教，黃塵疋馬，更上長安**：自從罷官隱居後，而今我再度跋涉奔波，孤身前往京城，又是誰的安排呢？這裡隱含了對宦途未卜的怨嗟與憂慮。**長安**：爲秦、漢等朝代的都城，唐以後詩文多用作都城的通稱。這裡指元代京城大都。

⑦ **恐當年、貢禹錯彈冠**：此爲反語，表面責己，實則埋怨朝廷不辨忠奸，舉措失當。按作者於元世祖至元年間曾以監察御史身分彈劾權臣桑哥，因未果而罷官歸鄉，其遭遇與貢禹頗爲相似，故借用此典。**貢禹**：西漢瑯琊人（今山東省諸城縣），字少翁。以明經絜行，徵爲博士，元帝時官至御史大夫。曾多次上書元帝，抨擊朝廷弊政，以剛直敢言名重於時，與王吉爲志同道合的朋友。《漢書‧王吉傳》：「吉與貢禹爲友，世稱『王陽在位，貢公彈冠。』」**彈冠**：指爲官。劉敏中彈劾桑哥不報後，其友王約亦因桑哥事件而被罷官除名，「錯彈冠」一語，則表自愧與遺憾，無能援救好友。北齊顏之推〈古意〉：「十五好詩書，二十彈冠仕。」

⑧ **擬把繁華風景，和詩滿載歸鞍**：(若前途未卜的話) 屆時京城裡的繁華風光，都將成爲我重踏歸途時寫詩的題材了。這裡隱含著欲進又欲退的複雜情緒。**擬**：打算、準備。宋柳永〈鳳棲梧〉：「擬把疏狂圖一醉，對酒當歌，強樂還無味。」**歸鞍**：猶歸騎。回家所乘的馬。宋歐陽修〈下直呈同行三

公〉：「午漏聲初轉，歸鞍路偶同。」

二、〈木蘭花慢〉　　送親衛劉副使遷成都統軍，公號舜田①

燦星纏寶校，跨天駬、日華邊②。看嶺表孤松，峯尖秋隼，誰與爭先③。
君王識公英武，便除書、飛下九重天④。內府彤弓旅矢，元戎虎旂龍旆⑤。
　　陰風慘淡拂春煙⑥。萬里入秦川。想諸將歡迎，三軍賈勇，威震江壖⑦。
何如渭城客舍，對青青柳色惜離筵⑧。回首平吳事了，兜鍪更換貂蟬⑨。

【編年】

按《元史》劉斌附傳：「至元三年（1266），授懷遠大將軍、侍衛親軍左
翼副都指揮使。四年，命築京城。八年，授廣威將軍、西川副統軍，配金虎
符。」當作於至元八年（1271），劉敏中二十九歲。

【箋注】

① 送親衛劉副使遷成都統軍，公號舜田：劉思敬（1231～1283），濟南歷城人，
　賜名哈八兒都，襲父劉斌職，為征行千戶。中統二年（1261），授武衛軍千
　戶。四年，授濟南武衛軍總管，補盜有功。至元三年（1266），授懷遠大將
　軍、侍衛親軍左翼副都指揮使。四年，命築京城。八年，授廣威將軍、西
　川副統軍，配金虎符。十二年，轉同僉行樞院事。十六年，拜中奉大夫、
　四川行省參知政事。行省罷，改四川北道宣慰使。十七年，授正奉大夫、
　江西行省參知政事，二十年卒，年五十三。贈推忠宣力果毅功臣、平章政
　事、柱國，封濱國公，諡忠肅。《元史》卷一百五十二劉斌有附傳。

② 燦星纏寶校，跨天駬、日華邊：劉副使才略超凡，騎著裝備奢華的駿馬，
　前往成都赴任。此處化用唐杜甫〈魏將軍歌〉：「星纏寶校金盤陁，夜騎天
　駬超天河。」寶校：亦作「寶鉸」。精美的裝具、裝飾。南朝宋顏延之〈赭
　白馬賦〉：「寶鉸星纏，縷章霞布。」天駬：神馬。用以比喻有才能之人。
　宋曾鞏〈送李撰赴舉〉：「康衢四闢通萬裏，天駬得地方騰驤。」日華：唐
　大明宮中殿門名。唐杜甫〈奉答岑參補闕見贈〉：「君隨丞相後，我往日華
　東。」

③ 看嶺表孤松，峯尖秋隼，誰與爭先：嶺外有孤生的松樹，尖拔的山峰，秋

天的野鷹，誰能勝過英勇的你。**嶺表**：嶺外。南朝宋陸徽〈薦朱萬嗣表〉：「搏嶺表之清風，負宇冰之潔望。」**隼**：鳥名，又名鶻。鷹類中最小者，飛速善襲。獵者多飼之，使助補鳥兔。唐韓愈〈畫記〉：「騎而下倚馬，臂隼而立者一人。」

④**君王識公英武，便除書、飛下九重天**：當朝國君賞識你的神勇英才，因而授職與你。**除書**：拜官授職的文書。唐韋應物〈始治尚書郎別善福精舍〉：「除書忽到門，冠帶便拘束。」**九重天**：指帝王或朝廷。唐韓愈〈左遷至藍關示侄孫湘〉：「一封朝奏九重天，夕貶潮陽路八千。」

⑤**內府彤弓玈矢，元戎虎旆龍旂**：宮中藏有朱漆弓和黑箭，兵車上則是插滿了有龍虎圖騰的旗幟。形容軍隊陣仗浩大，氣象輝煌。**內府**：皇宮中的府庫。泛指宮廷。《史記·淮陰侯列傳》：「夫銳氣挫於險塞，而糧食竭於內府，百姓罷極怨望，容容無所倚。」**彤弓玈矢**：朱漆弓與黑箭。晉潘勗〈策魏公九錫文〉：「是用錫君彤弓一、彤矢百，玈弓十、玈矢千。」**元戎**：大的兵車。唐楊炯〈右將軍魏哲神道碑〉：「元戎十乘，驅衛霍於前軍；甲士三千，列孫吳於後殿。」**虎旆龍旂**：裝飾有龍虎圖騰的旗幟。旆，古代旌旗末端形似燕尾的下垂飾物。旂，曲柄的旗子，二者泛指旌旗。

⑥**春煙**：泛指春天的雲煙嵐氣。唐張說〈和張監遊終南〉：「春煙生古石，時鳥戲幽松。」

⑦**萬里入秦川。想諸將歡迎，三軍賈勇，威震江壖**：劉統軍跋涉萬里，受到諸將士歡迎，所率的軍隊勇氣十足，名聲威震江邊一帶。此為聯想之語，以表達對劉舜田宦途順遂的祝福。**秦川**：古地區名。泛指今陝西、甘肅的秦嶺以北平原地帶。因春秋、戰國時地屬秦國而得名。南朝陳徐陵〈關山月〉之一：「關山三五月，客子憶秦川。」**賈勇**：語本《左傳·成公二年》：「齊高固入晉師，桀石以投人，禽之，而乘其車，繫桑本焉。以徇齊壘，曰：『欲勇者，賈余餘勇。』」晉杜預注：「賈，賣也。言己勇有餘，欲賣之。」後以賈勇為鼓足勇氣的意思。宋蘇軾〈乞詔邊吏無進取及論鬼章事宜札子〉：「邊臣賈勇，爭欲立功。」**江壖**：江邊地。唐陶翰〈贈房侍御〉：「浩蕩臨海曲，迢遙濟江壖。」

⑧**何如渭城客舍，對青青柳色惜離筵**：這裡化用了唐王維〈渭城曲〉：「渭城朝雨浥輕塵，客舍青青柳色新。」表達送行的不捨之情。

⑨ **兜鍪更換貂蟬**：此用南齊將軍盤龍典故，按《南齊書・周盤龍列傳》：「盤龍表年老才弱，不可鎮邊，求解職，見許，還為散騎常侍、光祿大夫。世祖戲之曰：『卿著貂蟬，何如兜鍪？』盤龍曰：『此貂蟬從兜鍪中出耳。』」意指劉舜田能因其才能進冠加爵，步步高升。**兜鍪**：古代戰士戴的頭盔。秦漢以前稱冑，後叫兜鍪。《東觀漢記・馬武傳》：「身被兜鍪鎧甲，持戟奔擊。」**貂蟬**：貂尾和附蟬，古代為侍中、常侍等貴近之臣的冠飾。宋辛棄疾〈水調歌頭〉：「頭上貂蟬貴客，花外麒麟高家，人世竟誰雄！」

三、〈木蘭花慢〉　壽大智先生①

憶長庚初夢，是誰遣下蓬壺②。到今日相看，仙風道骨，依舊清癯③。胸中浩然何物，管三冬、讀盡鄴侯書④。筆落千山風雨，氣吞萬里江湖⑤。

豪門落落曳長裾⑥。醉倒倩人扶⑦。剛只要疎閒，爭教富貴，不肯饒渠⑧。蟾宮桂春榜字⑨，看明年、光耀滿門閭。應笑青燈黃卷，卻成玉帶金魚⑩。

【箋注】

① **大智先生**：即智仲信，為好友智仲敬之兄長，有琴藝，劉敏中每稱「智先生」。劉敏中〈聽智先生彈琴並序〉云：「吾師老先生，其行己也恭，其事上也敬，其接人也信，其遇物也仁，其裁事也智，貴不能屈其道，貧不能易其志，而常以琴為友，鼓之自適，未嘗不怡怡如也。……揆以不才，辱奉訓誨，門下有年矣，下愚不移，日深媿赧。」二人有師友關係。

② **憶長庚初夢，是誰遣下蓬壺**：記得那晚夢裡，不知是誰教你離開了蓬萊仙山。此喻大智先生之文采及氣質。**長庚**：古代指傍晚出現在西方天空的金星。亦名太白星、明星。《詩經・小雅・大東》：「東有啓明，西有長庚。」**蓬壺**：即蓬萊。古代傳說中的海中仙山。唐沈業之〈題海榴樹呈八叔大人〉：「曾在蓬壺伴眾仙，文章枝葉五雲邊。」

③ **到今日相看，仙風道骨，依舊清癯**：今天我仔細端詳一番，你的身材清瘦，仍保有仙人的氣質神采。**清癯**：亦作「清臞」。猶清瘦。宋陸游〈賀張參政修史啓〉：「鎮撫四夷，位居臺鼎，而有山澤清臞之容。」

④ **胸中浩然何物，管三冬、讀盡鄴侯書**：胸中廣大壯闊，三年便讀完豐沛的

藏書。鄴侯書：鄴侯，唐人李泌，累封至鄴縣侯，家富藏書，後用爲稱美他人藏書眾多之典。宋陳師道〈謝傳監〉：「平分太倉粟，盡讀鄴侯書。」

⑤筆落千山風雨，氣吞萬里江湖：形容下筆有神，感情深摯，文氣磅礴。

⑥豪門落落曳長裾：出身位高權重，襟懷磊落大方，身著飄搖長袖。落落：猶磊落，形容人的氣質、襟懷。唐楊炯〈和劉長史答十九兄〉：「風標自落落，文質且彬彬。」長裾：長袖。宋曾鞏〈寄孫子翰〉：「不容乃獨見磊落，出走並海飄長裾。」

⑦醉倒倩人扶：醉倒的話就請人攙扶。化用自宋黃庭堅〈即席〉：「不當愛一醉，倒倩路人扶。」倩人：謂請託別人。宋葉適〈參議朝奉大夫宋公墓誌銘〉：「上官稱其某事能，某文善，公汎答以他語，或曰：『此倩人爲之耳。』」

⑧剛只要疏閒，爭教富貴，不肯饒渠：才想要過個清閒安逸的生活，誰想到富貴卻一路跟隨。疏閑：亦作「疏閒」。清閒安逸。唐權德輿〈省中春晚忽憶江南舊居戲書所懷雜言〉：「野性慣疏閒，晨趨興暮還。」爭：如何，同「怎」。唐韓偓〈哭花〉：「若是有情爭不哭，夜來風雨葬西施。」渠：第三人稱。宋楊萬里〈郡圃杏花〉：「海棠穠麗梅花淡，匹似渠儂別樣奇。」

⑨蟾宮桂春榜字：比喻科舉及第。蟾宮：指月亮。相傳月中有桂樹，舊時稱科舉中第爲登蟾宮、蟾宮折桂。唐袁郊〈月〉：「嫦娥竊藥出人間，藏在蟾宮不放還。」榜字：寫在匾額上的大字。宋米芾〈海岳名言〉：「世人多寫大字時，用力捉筆，字愈無筋骨神氣。作圓筆頭如蒸餅，大可鄙笑。要須如小字，鋒勢備全，都無刻意做作乃佳。自古及今，余不敏，實得之。榜字固已滿世，自有識者知之。」

⑩應笑青燈黃卷，卻成玉帶金魚：得意大笑這油燈書卷，竟換得了高官富貴。青燈黃卷：比喻讀書生活。宋陸游〈客愁〉：「蒼顏白髮入衰境，黃卷青燈空苦心。」青燈：光線青熒的油燈。唐韋應物〈寺居獨夜寄崔主簿〉：「坐使青燈曉，還傷夏衣薄。」玉帶：古時達官貴人所服以玉爲飾的腰帶。南朝梁江淹〈扇上彩畫賦〉：「命幸得爲綵扇兮，出入玉帶與綺紳。」金魚：古代官員的配飾。唐制三品以上、元代四品以上官員配戴金魚飾。唐元稹〈自責〉：「犀帶金魚束紫袍，不能將命報分毫。」

四、〈木蘭花慢〉　次韻答張直卿①見寄

兩城無百里，算只是、一家鄉。愧每每相看，來迎去送，水影山光。殷
勤舉杯一笑，要都收、百福與千祥②。鏡裏吾衰已甚，尊前君意何長③。
　　誰能齊物似蒙莊④。歲月去堂堂⑤。更多病何堪，閒愁萬緒，惱亂詩
腸⑥。明年定須豐稔，看桑蠶成簇麥登場。君到野亭應喜，酒帘花外悠
揚⑦。

【箋注】

① **張直卿**：張貞（1256～1315），字直卿，自號超然子。平生正不苟合，義不
苟得，樂善好施，識度淵曠，寡言若訥，雅嗜古琴。與劉敏中初識於濟南，
後相會於京師、繡江等地，交情甚篤，近三十年情誼。延祐二年卒，年六
十。

② **殷勤舉杯一笑，要都收、百福與千祥**：情意深厚，拿起酒杯笑開懷，祝福
對方多福吉祥。**收**：聚集、收集。《詩經・周頌・維天之命》：「假以溢我，
我其收之。」

③ **鏡裏吾衰已甚，尊前君意何長**：鏡中的我容貌已經衰老憔悴，而宴飲聚會
時，你的情意卻是那麼的深長。**尊前**：在酒樽之前，指酒筵上。宋晏幾道
〈滿庭芳〉：「慢留得尊前，淡月西風。」

④ **誰能齊物似蒙莊**：誰能像莊子一樣具有齊物的眼光呢？**齊物**：春秋戰國時
老莊學派的一種哲學思想。認為宇宙間一切事物，如生死壽夭、是非得失，
物我有無，都應當同等看待。這一思想，集中反映在莊子的《齊物論》中。
晉劉琨〈答盧諶詩一首并書〉：「遠慕老莊之齊物，近嘉阮生之放曠。」**蒙
莊**：指莊周。唐劉禹錫〈傷往賦〉：「彼蒙莊兮何人！予獨累欷而長吟。」

⑤ **歲月去堂堂**：此句化用宋辛棄疾〈菩薩蠻・送曹君之莊所〉：「人間歲月堂
堂去。」謂時間公然流逝，迅速而不待人。**堂堂**：猶公然。唐薛能〈春日
使府寓懷〉之一：「青春背我堂堂去，白髮欺人故故生。」

⑥ **更多病何堪，閒愁萬緒，惱亂詩腸**：身體已經病痛不適，怎能再忍受無端
的憂愁思緒來打亂寫詩的感情。**惱亂**：煩擾、打擾。唐白居易〈和微之十
七與君別及隴月花枝之詠〉：「別時十七今頭白，惱亂君心三十年。」**詩腸**：
指詩思、詩情。唐孟郊〈哭劉言史〉：「精異劉言史，詩腸傾珠河。」

⑦ 君到野亭應喜，酒帘花外悠揚：你來野亭時應該會很欣喜，酒帘子在花邊外迎風飄揚。**酒帘**：酒店所用的幌子。以布綴竿，懸於門首，作招徠酒客之用。唐李中〈江邊吟〉：「閃閃酒帘招醉客，深深綠樹隱啼鶯。」**悠揚**：飄揚、飛揚。宋朱淑眞〈柳絮〉：「繚繞晴空似雪飛，悠揚不肯著塵泥。」

五、〈木蘭花慢〉

適得醉經樂章①，讀未竟而彥博尙書有兵廚之餉，因用其韻。書二本，一呈醉經，一謝彥博②。

待搘撐暮境，道比舊、不爭多③。奈白日難留，丹心易感，綠髮全皤④。行樂處，渾一夢，憶黃公壚下幾回過⑤。振策千峯絕頂，濯纓萬里長河⑥。　　紅塵世事費瑳磨⑦。人海駕洪波⑧。悵學古無成，於今何補，謾爾蹉跎⑨。閒攬鏡，還獨笑，甚蒼顏一皺不曾酡⑩。忽報鳴鞭送酒，開軒自洗空螺⑪。

【編年】

按王彥博於大德十一年（1307）遷禮部尙書，至大間擢太子詹事丞，可知本詞約作於大德十一年或稍後，當時劉敏中已六十五歲。

【校勘】

〔讀未竟而彥博尙書有兵廚之餉〕：清文淵閣《四庫全書》本無「而」字。

〔書二本，一呈醉經，一謝彥博〕：元本無此十一字，據清文淵閣《四庫全書》本補。

〔開軒〕：清文淵閣《四庫全書》本作「開尊」。

【箋注】

① **適得醉經樂章**：剛收到杜醉經送來的詩詞。**醉經**：杜思敬（1235～1320），字敬夫，一字亨甫，號醉經，晚號寶善老人，汾州西河人，寓沁州，豐第三子。事世祖潛邸，累遷治書侍御史，歷戶部侍郎、中書郎中，出爲順德路總管，改安西，就僉陝西省事，移汴梁路總管，入爲侍御史，拜中書參政，陞左丞，致仕家居，輯醫方爲《濟生拔萃》十九卷。延祐七年卒，年

八十六。諡文定。**樂章**：古代指配樂的詩詞，後泛指能入樂的詩詞。唐韓愈〈潮州刺史謝上表〉：「宜定樂章，以告神明。」

②**讀未竟而彥博尚書有兵廚之餉**：還未讀完，王彥博尚書便送來了好酒。**彥博**：王約（1252〜1333），字彥博，眞定人。至元二十四年（1287）累遷監察御史，歷御史臺都事、中書右司員外郎，成宗即位，調兵部郎中，改禮部，拜翰林直學士，除太常少卿，歷刑部、禮部尚書。至大間擢太子詹事丞，進副詹事，仁宗敬禮之。仁宗立，拜河南右丞，召爲集賢大學士，延祐二年（1315）除樞密副使。至治二年（1322）致仕，元統元年（1333）卒，年八十二。**兵廚之餉**：感謝飲食款待的客套語。典出三國魏阮籍聞步兵校尉廚貯美酒數百斛，營人善釀，乃求爲校尉。見《三國志・魏志・阮籍傳》裴注引《魏氏春秋》、南朝宋劉義慶《世說新語・任誕》。後因以「兵廚」代稱儲存好酒的地方。金元好問〈月觀追和鄧州相公席上韻〉：「綠泛兵廚酒，紅依幕府蓮。」

③**待搘撑暮境，道比舊，不爭多**：爲了支撐晚年生活，比起從前，所求的並不多。**搘撑**：亦作「搘撐」。支撐。宋梅堯臣〈送闕令之潭州寧鄉〉：「太剛易斷折，太柔難搘撐。」**暮境**：晚年的境況。宋陸游〈小憩前平院戲書觸目〉：「上車欲去復回首，那將暮境供浮名。」

④**奈白日難留，丹心易感，綠髮全皤**：無奈時光匆匆，眞心善感，一夕白髮。**白日**：指時間。三國魏阮籍〈詠懷〉之六：「娛樂未終極，白日忽蹉跎。」**丹心**：赤誠的心。宋文天祥〈過零丁洋〉：「人生自古誰無死，留取丹心照汗青。」**綠髮**：烏黑而亮的頭髮。宋陸游〈秋興〉：「起行百匝幾歎息，一夕綠髮成秋霜。」

⑤**憶黃公壚下幾回過**：此用王戎曾於黃公酒壚前傷懷嵇康和阮籍典故，比喻傷懷往事。《晉書・王戎列傳》：「嘗經黃公酒壚下過，顧謂後車客曰：『吾昔與嵇叔夜、阮嗣宗酣暢於此，竹林之遊亦預其末。自嵇、阮云亡，吾便爲時之所羈紲。今日視之雖近，邈若山河！』」**壚**：古時酒店酒店裡安放酒甕的爐型土臺子，借指酒店。漢辛延年〈羽林郎〉：「胡姬年十五，春日獨當壚。」

⑥**振策千峯絕頂，濯纓萬里長河**：年輕時意氣風發，驅馬馳騁，在漫長的時間之流裡，固守著高潔的品格。**振策**：揮鞭驅馬前進。晉陸機〈赴洛道中作〉：「振策陟崇丘，案轡遵平莽。」**絕頂**：山的最高峰。南朝梁沈約〈早發定山〉：「傾壁忽斜豎，絕頂復孤圓。」**濯纓**：洗滌帽纓。比喻超凡脫俗、

操守高潔。語本《孟子·離婁上》：「滄浪之水清兮，可以濯我纓。」唐白居易〈題噴玉泉〉：「何時此巖下，來作濯纓翁。」

⑦ **紅塵世事費瑳磨**：人世間的事情費盡切磨。瑳磨：齒牙切磨碰擦，表示商討論辯。宋歐陽修〈綠竹堂獨飲〉：「予生本是少年氣，瑳磨牙角爭雄豪。」

⑧ **人海駕洪波**：比喻在紅塵世俗裡經歷各種磨練與考驗。人海：喻人世社會。元無名氏《冤家債主》第一折：「濁骨凡胎，遞生人海。」洪波：洶湧的波濤。三國魏阮籍〈詠懷〉之十二：「綠水揚洪波，曠野莽茫茫。」

⑨ **悵學古無成，於今何補，謾爾蹉跎**：惆悵研習古代的典籍卻無所成就，如今怎麼彌補，都是自己太虛度光陰。學古：學習研究古代典籍。宋黃庭堅〈次韻張詢齋中晚春〉：「學古編簡殘，懷人江湖永。」謾爾：猶言聊復爾爾。謾，通「漫」。宋辛棄疾〈漢宮春·答吳子似總干和章〉：「人生謾爾，豈食魚，必鱠之鱸？」

⑩ **閒攬鏡，還獨笑，甚蒼顏一皺不曾酡**：閒來拿鏡獨照空笑，年老皮皺的外表不再青春紅潤。酡：紅潤、泛紅的。元施耐庵《水滸傳》第五十三回：「蒼然古貌，鶴髮酡顏。」

⑪ **忽報鳴鞭送酒，開軒自洗空螺**：忽然傳來有人揮鞭送酒的聲音，便起身開窗，又洗螺杯。鳴鞭：謂揮鞭。揮鞭策馬，動則有聲，故稱。唐劉長卿〈少年行〉：「薦枕青蛾豔，鳴鞭白馬驕。」空螺：螺杯的省稱。北周庾信〈園庭〉：「香螺酌美酒，枯蚌藉蘭殽。」

六、〈木蘭花慢〉　　贈貴游摘阮①，時得名姜，故戲及之

此聲何所似，似琴語、更琅然②。問太古遺音，承平舊曲，誰為君傳③。知音素蛾好在，只向人懷抱照人圓④。一笑青雲公子，不應猶有塵緣⑤。　　松間玄鶴舞翩翩。山鬼下蒼煙⑥。正閉戶焚香，流商泛角，非指非絃⑦。華堂靜無俗客，算風流、未減竹林賢⑧。何日西窗酒醒，聽君細瀉幽泉。

【校勘】

〔**似琴語**〕：清文淵閣《四庫全書》本作「較琴語」。

〔素蛾〕：清文淵閣《四庫全書》本作「素娥」。

〔流商泛角〕：清文淵閣《四庫全書》本作「捩商泛角」。

【箋注】

① **貴游摘阮**：顯貴者演奏琵琶。貴游：亦作「貴遊」，泛指顯貴者。唐韋應物〈長安道〉：「貴遊誰最貴，衛霍世難比。」摘阮：彈奏琵琶。阮咸，一種彈撥樂器。圓形音箱，直柄，十二品位，四弦。古稱秦琵琶或月琴。晉人阮咸善於彈奏此種樂器，故稱爲「阮咸」，簡稱爲「阮」。唐代武則天時發展爲十三品位。亦稱爲「大阮」。宋米芾〈西園雅集圖記〉：「琴尾冠紫道服摘阮者，爲陳碧虛。」

② **此聲何所似，似琴語，更琅然**：這個聲音到底像什麼呢？好像是琴聲，卻又比琴聲清朗。琅然：聲音清朗貌。宋歐陽修《歸田錄》卷二：「諷誦之聲，琅然聞於遠近。」

③ **問太古遺音，承平舊曲，誰爲君傳**：問這遠古流傳的音樂，太平時的古曲，究竟是誰爲你而傳承。承平：治平相承、太平。唐鮑防〈雜感〉：「漢家海內承平久，萬國戎王皆稽首。」遺音：前代流傳下來的音樂。唐陳季〈湘靈鼓瑟〉：「遺音如可賞，試奏爲君聽。」

④ **知音素蛾好在，只向人懷抱照人圓**：謂美人知己如故，向人擁抱團聚。素蛾：白色的蛾兒。古代婦女插戴的飾物。此指美人妾。宋晁沖之〈上林春慢〉：「素蛾遶釵，輕蟬撲鬢，垂垂柳絲梅朵。」好在：猶依舊、如故。唐常建〈落第長安〉：「家園好在尚留秦，恥作明時失路人。」

⑤ **一笑青雲公子，不應猶有塵緣**：此取青雲之隱居義，調侃隱者不應對塵世有所眷戀。青雲：此處爲雙關語。既指出貴遊顯要的身份，又故作隱逸生活解。《南史·齊衡陽王鈞傳》：「身處朱門，而情遊江海；形入紫闥，而意在青雲。」塵緣：佛教、道教謂與塵世的因緣。唐韋應物〈春月觀省屬城始憩東西林精舍〉：「佳士亦棲息，善身絕塵緣。」

⑥ **松間玄鶴舞翩翩，山鬼下蒼煙**：松林間黑鶴輕快起舞，山神降下蒼茫的雲霧。這裡形容音樂輕快動人。山鬼：山神。北齊樊遜〈天保五年舉秀才對策〉：「山鬼效靈，海神率職。」蒼煙：蒼茫的雲霧。金元好問〈泛舟大明湖〉：「看山水底山更佳，一堆蒼煙收不起。」

⑦ 正閉戶焚香，流商泛角，非指非絃：關起門戶，點燃薰香，聽著不像是由指絃撥彈而出的美妙音樂，在耳邊盤旋圍繞。**流商泛角**：古代五聲音階中分別有宮、商、角、徵、羽等五個音級，此處用以形容樂音飄盪盤旋。

⑧ 華堂靜無俗客，算風流、未減竹林賢：氣派的廳堂裡沒有不高雅的客人，而風雅灑脫的性格，更可與竹林七賢相媲美。**風流**：灑脫放逸，風雅瀟灑。唐牟融〈送友人〉：「衣冠重文物，詩酒足風流。」**竹林賢**：指晉朝的山濤、阮籍、嵇康、向秀、劉伶、阮咸、王戎等七人，因崇尚老莊之學，輕視禮法，規避塵俗，常集於竹林之下，肆意酣暢，縱情清談，故稱為「竹林七賢」。唐皎然〈遙和塵外上人與陸澧夜集山寺問涅槃義〉：「共是竹林賢，心從貝葉傳。」

七、〈木蘭花慢〉 　會有詔止征南之行，復以〈木蘭花慢〉送還闕①

妙年勳業在，正千載、會風雲②。有橫槊新詩，投壺雅唱，將武儒文③。風流聖朝人物，算錦衣、難避軟紅塵④。瓊島羽林清曉，紫垣星月黃昏⑤。　　悠悠軒斾下東秦⑥。賓客滿于門。看戲綵萱堂，揮金置酒，和氣回春⑦。平生事，忠與孝，但圖忠、雲路莫因循⑧。此去秋光正好，龍墀再荷新恩⑨。

【箋注】

① **還闕**：回京、回朝。《魏書‧肅宗紀》：「如不容受，任聽還闕。」

② **妙年勳業在，正千載、會風雲**：年輕時就立下功業，長久等待，終於遇上了大好時勢。**妙年**：指少壯之年。宋賀鑄〈南鄉子〉：「眉宇有餘妍，初破瓜時正妙年。」**勳業**：功業。唐李頎〈贈別張兵曹〉：「勳業河山重，丹青錫命優。」**風雲**：比喻時勢。北周庾信〈入彭城館〉：「年代殊民俗，風雲更盛衰。」

③ **有橫槊新詩，投壺雅唱，將武儒文**：意氣風發，投壺歌唱，文臣武將齊聚一堂。**橫槊新詩**：形容意氣風發的樣子。槊，長八丈的矛。宋蘇軾〈前赤壁賦〉：「釃酒臨江，橫槊賦詩，固一世之雄也。」**投壺**：古代宴會禮制。亦為娛樂活動，賓主依次用矢投向盛酒的壺口，以投中多少決勝負，負者飲酒。唐韓愈〈鄭公神道碑文〉：「公與賓客朋遊，飲酒必極醉，投壺博弈，

窮日夜，若樂而不厭者。」

④ **風流聖朝人物，算錦衣、難避軟紅塵**：當今皇朝傑出不凡的人物，連士卒顯貴也來到這繁華之地。**風流**：傑出不凡。宋蘇軾〈與江惇禮秀才書〉之一：「僕雖晚生，猶及見君之王父也。追思一時風流賢達，豈可復夢見哉！」**軟紅塵**：飛揚的塵土，形容繁華熱鬧的地方。金元好問〈秀隱君山水〉：「烏鞍踏破軟紅塵，未信溪山下筆親。」

⑤ **瓊島羽林清曉，紫垣星月黃昏**：瓊華島上晨星輝映，紫垣星在入夜後初升高掛。**瓊島**：瓊華島的省稱。為舊時燕京八景之一，以玲瓏怪石疊成，峰巒秀美。上有佛殿及白石佛塔，又名白塔山。相傳其石為宋代艮岳遺物，元代建都北京後，自汴中輦運至此。**羽林**：星名。《史記・天官書》：「北宮玄武，虛、危……其南有眾星，曰羽林天軍。」**清曉**：天剛亮時。宋歐陽修〈漁家傲〉：「人語悄，那堪夜雨催清曉。」**紫垣**：星座名，常借指皇宮。唐令狐楚〈發潭州日寄李寧常侍〉：「君今侍紫垣，我已墮青天。」

⑥ **悠悠軒旆下東秦**：車隊飄揚著大旗，一路浩浩蕩蕩進入東秦。**悠悠**：飄動貌。《詩經・小雅・車攻》：「蕭蕭馬鳴，悠悠旆旌。」**東秦**：戰國時秦昭王曾稱西帝，齊湣王曾稱東帝，兩國皆以其富強而東西並立，後因稱齊國或齊地為東秦。宋蘇軾〈次韻答頓起〉之二：「十二東秦比漢京，去年古寺共題名。」

⑦ **看戲綵萱堂，揮金置酒，和氣回春**：餘興表演以取悅母親，花錢陳設酒宴，家庭氣氛和睦。**戲綵**：亦作「戲彩」。指老萊子著彩衣娛親事。《藝文類聚》卷二十引漢劉向《列女傳》：「老萊子孝養二親，行年七十，嬰兒自娛，著五色采衣。嘗取漿上堂，跌仆，因臥地為小兒啼。」後用為孝養長輩之典。宋張元幹〈青玉案・筠翁生朝〉：「庭蘭戲彩傳金鼎，小袖青衫更輝映。」**萱堂**：原指母親的居室，此借指母親。宋葉夢得〈再任後遣模歸按視石林〉：「白髮萱堂上，孩兒更共懷。」**揮金**：散發或揮霍錢財。晉陶潛〈飲酒〉之十九：「雖無揮金事，濁酒聊可恃。」

⑧ **雲路莫因循**：不貪戀權勢高位。**雲路**：比喻仕途、高位。南朝宋鮑照〈侍郎滿辭閣〉：「臣所居職限滿，今便收迹，金閨雲路，從茲自遠。」**因循**：流連、徘徊不去。唐姚合〈武功縣中作〉之二十二：「門外青山路，因循自不歸。」

⑨ **此去秋光正好，龍墀再荷新恩**：此番離去正是涼爽宜人的秋天，再次感謝

皇上的深恩厚典。**龍墀**：借指皇帝。〈敦煌曲子詞・望江南〉：「數年路隔失朝儀，目斷望龍墀。」**荷**：蒙受。唐駱賓王〈爲徐敬業討武氏檄〉：「奉先帝之遺訓，荷本朝之厚恩。」

八、〈木蘭花慢〉　　八月二十五日爲仲敬①壽

對南山秋色，湖海氣、鬱崢嶸②。更落葉疏風，黃花細雨，何限詩清③。良辰醉中高興，料慇懃、喜見故人情。玉斝雲腴仙釀，木蘭花慢新聲④。　歸鴻遠目入青冥⑤。相與慰飄零。儘起舞狂歌，新愁舊恨，一笑都平。平生事，天已許，道青霄有路上蓬瀛⑥。隨分人間富貴，不妨遊戲千齡⑦。

【箋注】

① **仲敬**：智京，字仲敬，自號訥齋，夙敏而有才，元初爲曹州儒學教授。

② **對南山秋色，湖海氣、鬱崢嶸**：面對南山的秋景，湖海氣闊，山勢聳拔。此用以烘托智仲敬的人品氣格。**湖海氣**：豪俠之氣。語出《三國志・魏志・陳登傳》：「陳元龍湖海之士，豪氣不除。」金元好問〈范寬秦川圖〉：「元龍未除湖海氣，李白豈是蓬蒿人。」**崢嶸**：山勢高峻突出。唐岑參〈與高適薛據登慈恩寺浮圖〉：「突兀壓神州，崢嶸如鬼工。」亦用以形容人品出眾的樣子。唐杜荀鶴〈送李鐔遊新安〉：「邯鄲李鐔才崢嶸，酒狂詩逸難干名。」

③ **更落葉疏風，黃花細雨，何限詩清**：更有落葉秋風，爛開的菊花，迷濛的細雨，觸引無限寫詩的情懷。**何限**：無限、無邊。唐韓愈〈郴口又贈〉之二：「沿涯宛轉到深處，何限青天無片雲。」

④ **玉斝雲腴仙釀，木蘭花慢新聲**：一邊飲著杯中的雲腴酒，一邊填〈木蘭花慢〉詞。**玉斝**：酒杯的美稱。南朝齊王融〈遊仙〉：「金厄浮水翠，玉斝挹泉珠。」**雲腴**：酒。金元好問〈李成之王彥華趙孝先以提學命見餉佳酒且求制名〉：「雲腴俗士無風神，紅珠女兒茜裙新。」

⑤ **歸鴻遠目入青冥**：遠望歸雁漸漸隱沒在青天。**歸鴻**：歸雁，詩文中多用以寄託歸思。唐張喬〈登慈恩寺塔〉：「斜陽越鄉思，天末見歸鴻。」**青冥**：形容青蒼幽遠，指青天。宋蘇軾〈水調歌頭・昵昵兒女語〉：「回首暮雲遠，飛絮攪青冥。」

⑥平生事，天已許，道青霄路上有蓬瀛：一生的事運，上天已經安排決定，傳說青天路上有仙境。青霄：青天、高空。晉左思〈蜀都賦〉：「干青霄而秀出，舒丹氣而爲霞。」蓬瀛：蓬萊和瀛洲。神山名，相傳爲仙人所居之處，泛指仙境。唐許敬宗〈遊清都觀導沈道士得清字〉：「幽人蹈箕穎，方士訪蓬瀛。」

⑦隨分人間富貴，不妨遊戲千齡：人間的富貴就隨緣吧，不妨多遨遊嬉戲，直到千年。千齡：猶千年、千歲，極言時間久長。此用作祝壽語。唐張九齡〈奉和聖制登封禮畢洛城酺宴〉：「運與千齡合，歡將萬國同。」

九、〈木蘭花慢〉　代人作

　　渺雲閒天淡，離別意、一銷魂①。憶金縷珠喉，冰絃玉箏，明月幽人②。風流舊家心事，指南山、松栢託慇懃③。煙草夕陽別浦，梨花暮雨重門④。　　浪憑歸夢覓行雲⑤。腸斷幾黃昏。甚百種凄涼，一般寂寞，兩地平分⑥。多情料應有語，道卿卿、不惜鎖窗春⑦。爲謝倩桃風柳，不禁鞍馬紅塵⑧。

【校勘】

〔代人作〕：清文淵閣《四庫全書》本題作「憶別」。

〔倩桃〕：清文淵閣《四庫全書》本作「晴桃」。

【箋注】

①渺雲閒天淡，離別意、一銷魂：天色清淡，浮雲渺遠飄盪，分別時的不捨使人哀戚腸斷。銷魂：謂靈魂離開肉體，形容極其哀愁。唐錢起〈別張起居〉：「別有時留恨，銷魂況在今。」

②憶金縷珠喉，冰絃玉箏，明月幽人：想起唱出金縷曲的美妙歌喉，還有彈奏音樂的纖纖十指，明月下那個幽居的人。金縷：曲調〈金縷曲〉的省稱。唐羅隱〈金陵思古〉：「綺筵金縷無消息，一陣征帆過海門。」珠喉：語本唐李商隱〈擬意〉：「銀河撲醉酒，珠串咽歌喉。」形容歌喉宛轉圓潤。宋楊億〈夜宴〉：「鶴蓋留飛舄，珠喉怨落梅。」冰絃：傳說中有用冰蠶絲做的琴弦，此作琴弦的美稱。金董解元《西廂記諸宮調》卷四：「寶獸沉煙裊

碧絲，半折的梨花繁杏枝。粧一膽瓶兒，冰絃重理，聲漸辨雄雌。」玉笋：
通「玉筍」。形容女子潔白纖細的手指。唐韓偓〈詠手〉：「腕白膚紅玉筍芽，
調琴抽線露尖斜。」幽人：幽隱之人、隱士。《後漢書・逸民傳序》：「光武
側席幽人，求之若不及。」

③ **風流舊家心事，指南山、松栢託慇懃**：從前那些美好韻事，只能藉由南山
上長青的松柏來表示我的情意。**舊家**：猶從前。宋元人詩詞中常用。宋楊
萬里〈答章漢直〉：「老裏睡多吟裏少，舊家句熟近來生。」**慇懃**：亦作「殷
勤」。衷情、心意。漢繁欽〈定情詩〉：「何以致殷勤？約指一雙銀。」

④ **煙草夕陽別浦，梨花暮雨重門**：河岸邊夕陽斜照，雜草上煙霧瀰漫；傍晚
的雨濛濛，沾濕了城外的梨花樹。這裡亦比喻離情時的哀戚，女子如梨花
帶淚，難分難捨。**煙草**：煙霧籠罩的草叢，亦泛指蔓草。宋謝逸〈蝶戀花〉：
「獨倚闌干凝望遠，一川煙草平如翦。」**浦**：河岸、水邊。宋王安石〈題
燕侍郎山水圖〉：「往時濯足蕩湘浦，獨上九嶷尋二女。」**重門**：謂層層設
門。宋張先〈青門引〉：「樓頭畫角風吹醒，入夜重門靜。」

⑤ **浪憑歸夢覓行雲**：只能憑藉夢中追尋心儀女子的身影。**歸夢**：歸鄉之夢。
南朝齊謝朓〈和沈右率諸君餞謝文學〉：「望望荊臺下，歸夢相思夕。」**行
雲**：用巫山神女之典，比喻所愛悅的女子。典見戰國宋玉〈高唐賦序〉：「昔
者先王嘗遊高唐，怠而晝寢。夢見一婦人，曰：『妾巫山之女也，為高唐之
客。聞君遊高唐，願薦枕席。』王因幸之。去而辭曰：『妾在巫山之陽，高
丘之阻，旦為朝雲，暮為行雨，朝朝暮暮，陽臺之下。』旦朝視之，如言，
故為之立廟，號曰朝雲。」宋秦觀〈調笑令・鶯鶯〉：「紅娘深夜行雲送，
困嚲釵橫金鳳。」

⑥ **甚百種淒涼，一般寂寞，兩地平分**：有許多的孤寂冷落的心情，雖分隔兩
地，卻有著同樣孤單。此與宋李清照〈一剪梅〉中的「一種相思，兩處閒
愁」有異曲同工之妙。**一般**：一樣、同樣。唐王建〈宮詞〉之三十五「雲
駿月驄各試行，一般毛色一般纓。」

⑦ **多情料應有語，道卿卿、不惜鎖窗春**：情感深摯的人兒想必有許多話想說，
想妳為怕觸動春愁，還把窗戶閉上。此係引用唐李商隱〈訪人不遇留別館〉：
「卿卿不惜鎖窗春，去作長楸走馬身。」**料應**：估計、想來應是。元陳以
仁《存孝打虎》第四折：「張歸霸走似飛，料應他武藝敵不的。」**卿卿**：相

互親暱的稱呼。唐李賀〈休洗紅〉:「休洗紅,洗多紅色淺。卿卿騂少年,昨日殷橋見。封侯早歸來,莫作弦上箭。」

⑧爲謝倩桃風柳,不禁鞍馬紅塵:離別了心愛的女子,不捨地踏上路途。謝:推辭、拒絕。《史記・項羽本紀》:「嬰謝不能,遂彊立嬰爲長,縣中從者得二萬人。」倩桃風柳:爲唐韓愈二妓名。《邵氏聞見錄》云:「退之有倩桃、風柳二妓,歸途聞風柳已去,故云云。」鞍馬:騎馬。三國魏阮籍〈詠懷〉之六十四:「假乘涇渭間,鞍馬去行遊。」紅塵:車馬揚起的飛塵。唐杜牧〈過華清宮〉之一:「一騎紅塵妃子笑,無人知是荔枝來。」

十、〈木蘭花慢〉　　元夕①後小雨

澹春陰如霧,釀春雨、洒春城。便羅綺風柔,園林氣暖,巷陌塵輕②。鼇山頓成瀟洒,恰上元過也罷燒燈③。到處柳金梅雪,一時水綠山青④。
　　午牕夢斷破微晴。驀聽賣花聲⑤。憶北苑尋芳,南園載酒,節近清明⑥。韶華向人如舊,莫青春行樂負平生。說與東君知道,先迎舞燕歌鶯⑦。

【箋注】

①元夕:舊稱農曆正月十五日爲上元節,是夜稱元夕。宋葉適〈運使直閣郎中王公墓誌銘〉:「會慶節禮畢,吏以例白留山棚,元夕張燈可就用也。」

②便羅綺風柔,園林氣暖,巷陌塵輕:春風如絲綢一般輕柔,園林空氣暖和,街道裡塵埃清輕。園林:種植花木,兼有亭閣設施,以供人遊賞休息的場所,晉張翰〈雜詩〉:「暮春和氣應,白日照園林。」巷陌:街巷的通稱。唐劉禹錫〈題王郎中宣義里新居〉:「門前巷陌三條近,墙內池亭萬境閒。」

③鼇山頓成瀟洒,恰上元過也罷燒燈:元宵過後,燈山因不再燃放而顯得冷清。鼇山:亦作「鰲山」。堆成巨鰲形狀的燈山。宋楊萬里〈和陳蹇叔郎中乙巳上元晴和〉:「買燈莫費東坡紙,今歲鼇山不入宮。」瀟洒:通「瀟灑」。淒清、寂寞貌。唐李德裕〈題奇石〉:「蘊玉抱清輝,閑庭日瀟灑;塊然天地間,自是孤生者。」

④ **到處柳金梅雪，一時水綠山青**：處處都是春陽拂照下的柳樹和盛開如雪的梅花，一時水色青綠，山色蒼翠。**梅雪**：指盛開的白色梅花。宋蘇軾〈次韻周開祖長官見寄〉：「醉看梅雪清香過，夜棹風船駭汗流。」

⑤ **午牎夢斷破微晴。驀聽賣花聲**：午後窗邊傳來一陣聲響，劃破微晴的天空，猛然一聽，原來是叫賣花的聲音。**夢斷**：猶夢醒。唐李白〈憶秦娥〉：「簫聲咽，秦娥夢斷秦樓月。」

⑥ **憶北苑尋芳，南園載酒，節近清明**：回想起在北面的園林裡遊賞，在南方的園圃裡飲酒，時近清明佳節。**尋芳**：遊賞美景。唐姚合〈遊陽河岸〉：「尋芳愁路盡，逢景畏人多。」**載酒**：備酒。唐杜牧〈遣懷〉：「落魄江湖載酒行，楚腰纖細掌中輕。」

⑦ **說與東君知道，先迎舞燕歌鶯**：說給春神知道，先迎來飛舞的春燕和啼聲悅耳的黃鶯。**東君**：司春之神。宋辛棄疾〈滿江紅·暮春〉：「可恨東君，把春去，春來無迹。」

十一、〈木蘭花慢〉　　代人贈吹簫趙生①

甚無情枯竹，使人喜、使人悲②。愛太古遺音，承平舊曲，吹盡參差③。<small>簫曲名見文選。</small>千秋鳳臺人去，算風流、只有趙郎知④。秋晚樓空月夜，日長人靜花時。　　酒闌更與盡情吹。欲起不能歸⑤。怕幽壑潛蛟，孤舟嫠婦，掩泣驚飛⑥。傷心少年行樂，奈春風、不染鬢邊絲⑦。靜倚欄干十二，醉魂飛上瑤池⑧。

【箋注】

① **吹簫趙生**：生平事歷待考。劉敏中有〈贈吹簫趙生〉詩一首，〈木蘭花慢·代人贈吹簫趙生〉、〈好事近·贈吹簫趙生〉及〈鳳凰臺上憶吹簫·贈吹簫東原趙生〉詞三首。

② **甚無情枯竹，使人喜、使人悲**：沒有情感的簫管，所吹奏出的樂音卻能左右人的悲喜情緒。

③ **愛太古遺音，承平舊曲，吹盡參差**：喜愛洞簫所吹出遠古流傳的美好音樂，以及太平時的古曲。**參差**：古樂器名。洞簫，即無底的排簫，亦名笙。相

傳為舜造，像鳳翼參差不齊。唐皎然〈同李中丞洪水亭夜集〉：「佳人但莫吹參差，正憐月色生酒卮。」

④ **千秋鳳臺人去，算風流、只有趙郎知**：千年來，在鳳臺上吹簫的蕭史已乘鳳離去，簫中風雅餘韻，也只有趙郎能體會。**鳳臺**：古臺名。漢劉向《列仙傳·蕭史》：「蕭史者，秦穆公時人也。善吹簫，能致孔雀白鶴於庭。穆公有女，字弄玉，好之。公遂以女妻焉，日教弄玉作鳳鳴，居數年，吹似鳳聲，鳳皇來止其屋。公為作鳳臺，夫婦止其上，不下數年。一旦，皆隨鳳凰飛去。」南朝宋鮑照〈升天行〉：「鳳臺無還駕，簫管有遺聲。」

⑤ **酒闌更與盡情吹，欲起不能歸**：酒筵將散時，更要盡興吹奏，想要起身卻不放心回去。**酒闌**：謂酒筵將盡。唐杜甫〈魏將軍歌〉：「吾為子起歌都護，酒闌插劍肝膽露。」

⑥ **怕幽壑潛蛟，孤舟嫠婦，掩泣驚飛**：這裡化用宋蘇軾〈前赤壁賦〉：「舞幽壑之潛蛟，泣孤舟之嫠婦。」擔憂潛藏在幽谷中的蛟龍為之飛動，使不輕易表露情緒的寡婦也因而掩面哭泣。此言簫聲感人至深。

⑦ **傷心少年行樂，奈春風、不染鬢邊絲**：這裡化用宋辛棄疾〈鷓鴣天〉：「追往事，嘆今吾，春風不染白髭鬚。」而辛詞又是借鑒北宋歐陽修〈聖無憂〉：「好久能消光景，春風不染髭鬚。」感傷年輕時到處消遣娛樂，老來卻無奈春風不使鬢髮回春。

⑧ **靜倚欄干十二，醉魂飛上瑤池**：安靜倚靠在曲折的闌干上，醉酒後的靈魂彷彿就要飛上仙界。**瑤池**：仙界的天池，傳說中在崑崙山上，周穆王西征曾在此受西王母宴請。後泛指神仙居住的地方。元白樸《牆頭馬上》第二折：「卻待要宴瑤池七夕會，便銀漢水兩分開。」

十二、〈滿江紅〉

至元丙戌，敏中與廣平安思承①同為御史，吾二人者，仕同，道同，齒同，而志意又同，以是交甚歡。又因思承得拜其兄今宣慰②公于其家，公即歡然相接，傾倒③如舊。公時在京領漕運，明年為刑曹尚書④。會夏暑，以恩例決諸司囚⑤。敏中以御史，公以秋官，實同其事。且夕相從者彌月，凡公之毅敏公恕，盡於斯得之，而情好益密矣⑥。又再歲，思承為四川副按察之成都，

敏中為御史都司，歲餘，謝病歸濟南。已而聞公由刑曹宣慰雲朔，又聞思承
還京為多官侍郎。今年癸巳夏六月，公復以宣慰來山東，當治益都，過濟南，
顧敏中於陋巷，且致思承之問。凡與思承別蓋五年，而公則四年矣，陳敘契
闊⑦，甚相樂也。明旦，公已行矣，乃知公近有充閭之慶⑧，則又喜焉，而獨
恨不得為一賀也。十月，公以行部⑨復過濟南，見公於皇華驛，退以鄙懷作樂
府一篇獻於公，以發一笑。其亦古人所謂情動於中，而形於言，言不足而永
歌之義也⑩。

    十載京華，也曾是、飄零狂客⑪。還有幸、公家兄弟，相逢相識。記得宣
恩疏決日，栢臺驄馬秋官筆⑫。甚人生聚散等閒間，都難測⑬。   摩撫
手，天西北⑭。放浪跡，江湖國。忽高軒飛下，今夕何夕⑮。頭上貂蟬看
欲見，掌中珠顆今先得⑯。暫放教、詩酒豁平生，公休惜⑰。

【編年】

    由「今年癸巳夏六月」一句，可考時為元世祖至元三十年（1293），年五
十一。

【箋注】

① **安思承**：名不詳，號竹齋，磁州人。至元丙戌（1286）為監察御史，至元
    二十五年遷四川提刑副使。後還京為工部侍郎，終山東道肅政廉訪使，贈
    樞密副使武威郡公，諡忠肅，有《竹齋詩集》。

② **宣慰**：謂大臣代表皇帝視察某一地區，宣揚政令，安撫百姓。宋范仲淹〈除
    乞鄧州狀〉：「臣既獲聞命，因敢請行，遽將宣慰之恩，來安屯戍之旅。」

③ **傾倒**：傾吐。猶暢談。宋朱熹〈答王才臣書〉：「若得會面，彼此傾倒，以
    判所疑，幸何如之！」

④ **公時在京領漕運，明年為刑曹尚書**：宣慰公當時擔任京領漕運，隔年（1287）
    則轉調刑曹尚書。漕運：舊時從水路運輸糧食，供給京城或軍需。晉王羲
    之〈與尚書僕射謝安書〉：「今事之大者未布，漕運是也。」刑曹：分管刑
    事的官署或屬官。宋秦觀〈賀錢學士啟〉：「矧冊府校讎之號，泊刑曹勾稽
    之司。」

⑤ **會夏暑，以恩例決諸司囚**：剛好在夏暑時，接到皇帝頒布大赦囚犯的命令。
    恩例：指帝王為宣示恩德而頒布的條例、規定。元王惲〈賀正口號〉：「歲

歲大醣恩例溥，自慙虛薄仰皇局。」諸司：眾官吏、眾官署。《左傳‧桓公十三年》：「其謂君撫小民以信，訓諸司以德，而威莫敖以刑也。」

⑥旦夕相從者**彌**月，凡公之毅敏公恕，盡於斯得之，而情好益密矣：朝夕相伴滿月，凡宣慰公堅定聰慧、公正寬厚的態度，都在這時體會到，因而彼此的情意也更加親近緊密。公恕：公正寬厚。《宋史‧儒林傳六‧陳亮傳》：「天子夙夜憂勤於其上，以義理廉恥嬰士大夫之心，以仁義公恕厚斯民之生，舉天下皆由於規矩準繩之中，而二百年太平之基從此而立。」

⑦陳敍**契闊**：閒聊起久別的情懷。宋梅堯臣〈淮南遇楚才上人〉：「契闊十五年，尙謂臥巖庵。」

⑧**充閭之慶**：賀人生子之詞。宋王千秋〈沁園春〉：「充閭慶有，青氈事業，丹鳳才華。」

⑨**行部**：謂巡行所屬的部域，考核政績。《漢書‧朱博傳》：「吏民欲言二千石墨綬長吏者，使者行部還，詣治所。」

⑩其亦古人所謂情動於中，而形於言，言不足而**永歌**之義也：這就是古人所說的，當內心充滿豐沛的情感時，就會訴諸文字，如果還不足以表達，那就將它歌詠出來的意思。典見《詩經》詩大序云：「詩者，志之所之也。在心爲志，發言爲詩。情動於中而形於言，言之不足，故嗟嘆之。嗟嘆之不足，故詠歌之。詠歌之不足，不知手之舞之，足之蹈之也。」

⑪十載京華，也曾是、**飄零狂客**：在京城十年，曾經是到處飄泊放蕩的人。**京華**：京城之美稱。因京城是文物、人才匯集之地，故稱。晉郭璞〈遊仙詩〉之一：「京華遊俠窟，山林隱遯棲。」**飄零**：飄泊流落。唐杜甫〈衡州送李大夫七丈赴廣州〉：「王孫丈人行，垂老見飄零。」**狂客**：放蕩不羈的人。唐李白〈最後答丁十八〉：「一州笑我爲狂客，少年往往來相譏。」

⑫記得宣恩疏決日，栢臺驄馬秋官筆：指「會夏暑以恩例決諸司囚」一事，當時我任職御史，而安兄爲秋官。**疏決**：清理判決。唐司空圖〈唐宣州王公行狀〉：「公命抵法以降，得自疏決。」**栢臺**：亦作「柏臺」，御史臺的別稱。漢御史府中列植柏樹，常有野鳥數千棲其上，事見《漢書‧朱博傳》。後因以柏臺稱御史臺。唐宋之問〈和姚給事寓直之作〉：「柏臺遷鳥茂，蘭署得人芳。」**驄馬**：亦作「驄馬」，青白色相雜的馬。此指御史所承之馬，以借指御史。唐李白〈贈韋侍御黃裳〉之二：「見君乘驄馬，知上太行道。」

秋官：職官名。周代六官之一，以司寇為秋官，司刑罰。唐武后以刑部為秋官，旋復舊。後用來稱刑部。《周禮·秋官·司寇》：「乃立秋官司寇，使帥其屬而掌邦禁，以佐王刑邦國。」

⑬ 甚人生聚散等閒間，都難測：謂人生尋常聚散難以預料。等閒：尋常、平常。唐賈島〈古意〉：「志士終夜心，良馬白日足，俱為不等閒，誰是知音目。」

⑭ 摩撫手，天西北：宣慰公由刑曹宣慰雲（今山西大同）朔（今山西朔州），所以是到遙遠的山西北部視察、安撫百姓。摩撫：用手撫摸、摩擦。宋王炎〈題唐人〈浴兒圖〉〉：「有犬爛娟受摩撫，與人習熟無猜疑。」

⑮ 忽高軒飛下，今夕何夕：宣慰公行經濟南，與我會面於皇華驛。到底今夜是何夜呢？今夕何夕：指今晚不同於尋常的夜晚，多用作驚喜慶幸之辭。高軒：顯貴者所乘的高車，此指安思承兄。金劉迎〈上施內翰〉：「正以高軒肯相過，免教書客感秋蓬。」

⑯ 頭上貂蟬看欲見，掌中珠顆今先得：你身分顯貴，頭上還配戴著貂蟬配飾，如今又添喜生了兒子。珠顆：借喻男嬰。唐白居易〈談氏外孫生三日喜是男偶吟成篇〉：「玉芽珠顆小男兒，羅薦蘭湯浴罷時。」

⑰ 暫放教、詩酒豁平生，公休惜：暫時讓詩和酒來排遣生活，你千萬不要吝惜。放教：使、令。金元好問〈滿江紅·嵩山中作〉：「暫放教老子據胡牀，邀明月。」

十三、〈滿江紅〉　十一月十六日，為蔡知事①壽

愛日回春，恰開放、江頭梅萼②。還更有、遠山晴雪，竹溪松壑③。晚節④豐年人盡喜，良辰美景君須樂。便拚教壽酒一千鐘，深深酌。　　眉宇秀，胸懷廓。問誰識，平生略。只優游無事，笑談賓幕⑤。萬里秋天鴻鵠志，高名四海麒麟閣⑥。待此時、滿意祝莊椿，揚州鶴⑦。

【編年】

按劉敏中於至元七年（1270）六月作〈送蔡知事序〉，依官銜相同的原則，本詞寫作時間約在此前後，當時劉敏中正值二十八歲。

【箋注】

① **蔡知事**：嘗爲濟南府知事，資明性敏，力善好學，待人敬而有禮，處事敏捷。見劉敏中〈壽蔡知事〉、〈滿江紅‧十一月十六日，爲蔡知事壽〉、〈送蔡知事序〉。知事：地方行政長官的名稱。宋時分命京官出守列郡，稱爲權知某府或某州或某縣事，知事之名由此而起。

② **愛日回春，恰開放、江頭梅蕚**：喜愛冬去春來時，江邊的梅花初綻蓓蕾的姿態。江頭：江邊、江岸。唐姚合〈送林使君赴邵州〉：「江頭斑竹尋應遍，洞裏丹砂自採還。」梅蕚：梅花的蓓蕾。宋歐陽修〈玉樓春‧題上林後亭〉：「池塘隱隱驚雷曉，柳眼未開梅蕚小。」

③ **還更有、遠山晴雪，竹溪松壑**：遠處山上還有天晴後的積雪、翠竹林溪，以及幽谷裡的松樹。晴雪：天晴後的積雪。唐錢起〈和王員外晴雪早朝〉：「紫微晴雪帶恩光，繞仗偏隨鴛鷺行。」竹溪：竹林與溪水。指清幽的境地。唐周賀〈如空上人移居大雲寺〉：「竹溪人請住，何日向中峰。」松壑：生有松樹的山谷。唐牟融〈題徐俞山居〉：「嵐鎖巖扉清晝暝，雲歸松壑翠陰寒。」

④ **晚節**：晚年。唐杜甫〈遣悶戲呈路十九曹長〉：「晚節漸於詩律細，誰家數去酒杯寬？」

⑤ **只優游無事，笑談賓幕**：只是悠閑自在，在幕府裡談笑風生。優游：悠閑自得。三國魏嵇康〈贈秀才入軍〉之一：「俛仰慷慨，優游容與。」賓幕：幕府。唐盧象〈送趙都護赴安西〉：「漢使開賓幕，胡笳送酒巵。」

⑥ **高名四海麒麟閣**：名聲遠播，功績輝煌。高名：盛名、名聲大。唐李白〈峨眉山月歌送蜀僧晏入中京〉：「一振高名滿帝都，歸時還弄峨眉月。」麒麟閣：漢初蕭何所造的樓閣，或謂漢武帝獲麒麟時所建。漢宣帝時，曾圖繪功臣霍光、蘇武等十一人之像於閣上，以表揚其功績和榮譽。泛指畫有功臣圖像的樓閣。唐杜甫〈投贈哥舒開府翰二十韻〉：「今代麒麟閣，何人第一功？」亦稱爲「麟臺」、「麟閣」。

⑦ **待此時、滿意祝莊椿，揚州鶴**：等待這個時候，用我飽滿的心意祝福你既長壽，又諸事如意。莊椿：語出《莊子‧逍遙遊》：「上古有大椿者，以八千歲爲春，八千歲爲秋。」爲祝人長壽之詞。唐羅隱〈錢尚父生日〉：「錦衣玉食將何報，更俟莊椿一舉頭。」揚州鶴：《淵鑒類函‧鳥‧鶴三》引南朝梁殷芸《小說》：「有客相從，各言所志，或願爲揚州刺史，或願多貲財，或願騎

鶴上昇。其一人曰，腰纏十萬貫，騎鶴上揚州，欲兼三者。」用以形容如意順心的事。宋辛棄疾〈滿江紅・和廓之雪〉：「待羔兒、酒罷又烹茶，揚州鶴。」

十四、〈滿江紅〉　病中呈諸友

　　晝景清和，南風扇、葛衣未試①。知又是、梅黃時候，麥秋②天氣。寶鴨旋薰香篆小，綠陰生寂重門閉③。有畫梁雙燕伴人愁，知人意④。　　螢窗苦，貂蟬貴。窮與達，心如醉。個月來多病，不禁憔悴。諱疲怎謾衣帶緩，怯眠卻把窗兒倚⑤。問阿誰、心緒正如今，還如此。

【箋注】

① **晝景清和，南風扇、葛衣未試**：白天的陽光舒服和暖，天氣清明，南風徐徐吹來，還未換上夏天的衣裳。清和：天氣清明和暖。宋潘元質〈醜奴兒慢〉：「愁春未醒，還是清和天氣。」葛衣：用葛布製成的夏衣。宋陸游〈夜出偏門還三山〉：「水風吹葛衣，草露溼芒履。」

② **麥秋**：麥熟的季節。通指農曆四、五月。唐戴叔倫〈酬袁太祝長卿小湖村山居書懷見寄〉：「麥秋桑葉大，梅雨稻田新。」

③ **寶鴨旋薰香篆小，綠陰生寂重門閉**：香爐裡不斷飄出裊裊煙縷，外面綠陰濃密，大門深鎖，教人感到無限寂寥。寶鴨：即香爐，因作鴨形，故稱。宋范成大〈減字木蘭花〉：「寶鴨金寒，香滿圍屏宛轉山。」香篆：香煙裊裊，有如篆字的形狀。宋范成大〈社日獨坐〉：「香篆結雲深院靜，去年今日燕來時。」

④ **有畫梁雙燕伴人愁，知人意**：彩繪的屋梁上停有雙飛燕，彷彿在陪伴愁苦的病人，能明白他的心意。畫梁：有彩繪裝飾的屋梁。唐盧照鄰〈長安古意〉：「雙燕雙飛繞畫梁，羅幃翠被鬱金香。」

⑤ **諱疲怎謾衣帶緩，怯眠卻把窗兒倚**：病體不適，形容枯槁瘦弱，難以入眠只好倚靠在窗邊。

十五、〈滿江紅〉　次韻答暢泊然①

　　滿紙龍鸞，渾壓倒、來禽青李②。黃絹好、朝吟暮翫，愛之無已③。玉刻

來從千載上，寶珠出自重淵底④。每相逢相慰淡相於，如君幾⑤。　　　無所見，譁然毀⑥。安所有，同然喜。賴多情問我，病歟貧耳。一寸灰心寒欲盡，數莖綠髮愁難理。說青帝高處有仙鄉，無人指⑦。

【箋注】

① **暢泊然**：暢師文（1247～1317），字純甫，號泊然，南陽人，徙襄陽。從伯顏平宋，授東川行院都事，至元二十八年（1291）累遷陝西憲僉，歷移山南、山東二道，入為國子司業，大德七年（1303）除陝西行省理問，歷太常少卿、翰林侍讀，至大三年（1310）出為太平路總管，皇慶二年（1313）復召為翰林侍讀，陞翰林學士。延祐四年（1317）卒，年七十一。追諡文肅。

② **滿紙龍鸞，渾壓倒、來禽青李**：讚譽暢泊然的作品詞采華美，更勝晉朝的王羲之。**龍鸞**：喻華美的文章。唐李白〈留別于十一兄逖裴十三遊塞垣〉：「裴生覽千古，龍鸞炳天章。」**來禽青李**：晉王羲之〈與蜀郡守朱書帖〉的別稱，因其首有「青李來禽」，故名。宋蘇軾〈玉堂栽花周正孺有詩次韻〉：「只有〈來禽青李帖〉，他年留與學書人。」

③ **黃絹好、朝吟暮翫，愛之無已**：因為文筆絕妙，讓人早晚捧讀欣賞，十分喜愛。**黃絹好**：指絕好、絕佳。典出南朝宋劉義慶《世說新語·捷悟》，記述曹操與楊修共讀曹娥碑文，其上有「黃絹幼婦，外孫虀臼」八字，楊修立即悟得「絕妙好辭」之意，因見二人才氣高下之別。

④ **玉刻來從千載上，寶珠出自重淵底**：比喻值得珍藏的佳作總要經過長久的醞釀。典見《莊子·列御寇》：「千金之珠，必在九重之淵。」**玉刻**：對刻本的美稱。宋秦觀〈懷李公澤學士〉：「流傳玉刻皆黃絹，早晚金閨報大刀。」**重淵**：深淵。晉陸機〈文賦〉：「於是沉辭怫悅，遊魚銜鉤而出重淵之深。」

⑤ **每相逢相慰淡相於，如君幾**：像你這般能夠互相慰藉、不過分親暱的君子之交已不多了。**相於**：相厚，相親近。五代齊己〈酬王秀才〉：「相於分倍親，靜論到吟真。」

⑥ **無所見，譁然毀**：沒有親眼所見的，則眾議毀謗。**譁然**：眾議洶洶，人多聲雜的樣子。唐柳宗元〈捕蛇者說〉：「叫囂乎東西，隳突乎南北，譁然而

駮者，雖雞狗不得寧焉。」

⑦ **說青帘高處有仙鄉，無人指**：傳說酒家青布帘子上就是仙人的居處，無奈沒有人指引。**青帘**：舊時酒店門口掛的幌子，多用青布製成。唐鄭谷〈旅寓洛陽村舍〉：「白鳥窺魚網，青帘認酒家。」

十六、〈滿江紅〉　病中又次前韻

　　北去南來，凡幾度、風沙行李。離又合、新歡舊恨，古今何已。風鑑俄瞻衡宇外，月明照見寒江底①。問朱絲白雪尚依然，知音幾②。　　無所作，誰成毀。非所望，何悲喜。謂人生得失，卷舒天耳③。病骨支離羈思亂，此情正要公料理④。但無言、手捉玉連環，東南指⑤。

【校勘】

〔病中又次前韻〕：清文淵閣《四庫全書》本題作「病中次韻答暢泊然純甫」。

〔得失〕：清文淵閣《四庫全書》本作「失得」。

【箋注】

① **風鑑俄瞻衡宇外，月明照見寒江底**：視察仰望屋宇之外，皎潔的月光照向秋冬冰冷的江水裡。**風鑑**：亦作「風鑒」。風度和鑑識。金元好問〈感懷呈賈明府〉：「兵家世不乏小杜，風鑒今誰如老龐。」**衡宇**：泛指屋宇。《南史‧劉損傳》：「損元嘉中為吾郡太守，至昌門，便入太伯廟。時廟室頹毀，垣牆不修，損愴然曰：『清塵尚可髣髴，衡宇一何摧頹。』即令修葺。」**照見**：從光照或反光物中映現。唐岑參〈自潘陵尖還少室居止秋夕憑眺〉：「月出潘陵尖，照見十六峰。」**寒江**：稱秋冬季節的江河水面。唐柳宗元〈江雪〉：「孤舟蓑笠翁，獨釣寒江雪。」

② **問朱絲白雪尚依然，知音幾**：以琴音比喻自己的才華抱負，感嘆知己者少。**朱絲**：原指朱弦，此借指琴瑟。宋蘇軾〈諸宮〉：「綠窗朱盧春晝閉，想見深屋彈朱絲。」**白雪**：古琴曲名。傳為春秋晉師曠所作。三國魏嵇康〈琴賦〉：「揚〈白雪〉，發清角，理正聲，奏妙曲。」

③ **謂人生得失，卷舒天耳**：人生的得與失，就像卷縮和伸展一樣自然平常。**卷舒**：捲縮盈舒。南朝宋江淹〈謝僕射〉：「卷舒雖萬緒，動復歸有靜。」

④病骨支離羈思亂，此情正要公料理：帶著這一身憔悴衰疲的病骨頭到處流
　離，羈旅之思更加強烈，正需要你來撫慰排遣。**羈思**：亦作「羇思」。羈旅
　之思。宋周邦彥〈虞美人〉：「相將羈思亂如雲，又是一窗燈影、兩愁人。」

⑤但無言、手捉玉連環，東南指：只是沒有話語，抓著手上的玉環，指向東
　南方。**玉連環**：套連在一起的玉環。唐李商隱〈贈歌妓〉：「水精如意玉連
　環，下蔡城危莫破顏。」

十七、〈滿江紅〉　　又次前韻

　　我笑前人，癡絕甚、搔瓜鑽李①。天壤內、神奇腐朽，有所窮已②。才見
　　凌風霄漢上，忽看垂翅蓬蒿底③。試閒將、得失遍思量，凡經幾。　　　無
　　汝愧，從渠毀④。非我有，何吾喜。但物來即應，盡心焉耳⑤。一榻高眠
　　人事了，一瓢樂飲家緣理⑥。也何曾、直待馬千蹏，童千指⑦。
　搔瓜事見劉向《新序》。

【校勘】

〔又次前韻〕：清文淵閣《四庫全書》本題作「又和前韻」。

〔有所窮已〕：清文淵閣《四庫全書》本作「有何窮已」。

〔何吾〕：清文淵閣《四庫全書》本作「吾何」。

〔高眠〕：清文淵閣《四庫全書》本作「高懸」。

〔家緣〕：清文淵閣《四庫全書》本作「家園」。

〔搔瓜事見劉向新序〕：清文淵閣《四庫全書》本無注。元本將「劉向」誤作
　「劉尚」，逕改。

【箋注】

①**我笑前人，癡絕甚、搔瓜鑽李**：我嘲笑從前的人太天真了，竟想破壞別人
　辛勤種植的瓜、吝於分享李核。**搔瓜**：用漢劉向《新序‧雜事四》典，謂
　以德報怨。戰國時梁大夫宋就為邊縣令，其地與楚相鄰。梁楚兩亭皆種瓜；
　梁人勤灌而瓜美，楚人懶灌而瓜惡。楚人因妒忌而夜偷搔瓜，致使瓜有死
　焦者。梁人因欲報復，宋就不許，且令人夜灌楚瓜，使之亦美。**鑽李**：吝

嗇之典。典見南朝宋劉義慶《世說新語・儉嗇》：「王戎有好李，賣之，恐人得其種，恆鑽其核。」

② **天壤內、神奇腐朽，有所窮已**：天地間，就算是神妙奇特的事物，也會有腐爛朽敗、窮盡的一天。典出《莊子・知北遊》：「故萬物一也。是其所美者爲神奇，其所惡者爲臭腐。臭腐復化爲神奇，神奇復化爲臭腐。」**天壤**：天地之間。宋蘇軾〈何公橋〉：「天壤之間，水居其多。人之往來，如鵝在河。」**窮已**：窮盡、終了。宋范仲淹〈上資政晏侍郎書〉：「報德之心，亦無窮已。」

③ **才見凌風霄漢上，忽看垂翅蓬蒿底**：比喻得失無定準，才見飛黃騰達，不久後又落拓失意。**霄漢**：原指天空，此指高居顯要的地位。宋張孝祥〈踏莎行〉：「趁此秋風，乘槎霄漢。」**蓬蒿**：蓬草和蒿草，借指荒野偏僻之處。唐李白〈南陵別兒童入京〉：「仰天大笑出門去，我輩豈是蓬蒿人？」

④ **無汝愧，從渠毀**：沒有對不起你，依隨他卻受到謗毀。**無汝愧**：即「無愧汝」，對你沒有愧疚。

⑤ **但物來即應，盡心焉耳**：待人接物，只求盡心盡力罷了。**盡心**：竭盡心力。語出《尚書・康誥》：「往盡乃心，無康好逸豫，乃其乂民。」《孟子・梁惠王上》：「寡人之於國也，盡心焉耳矣。」

⑥ **一榻高眠人事了，一瓢樂飲家緣理**：只要躺在床上安眠，就能忘卻人世間的事物，只要想盡興暢飲，就有家產能應付料理。**高眠**：高枕安眠。宋王禹偁〈五更睡〉：「左宦離雙闕，高眠盡五更。」**樂飲**：暢飲。三國魏吳質〈答魏太子箋〉：「出有微行之遊，入有管弦之懽，置酒樂飲，賦詩稱壽。」**家緣**：家業、財產。唐呂岩〈沁園春〉：「限到頭來，不論貧富，著甚千忙日夜憂，勸年少，把家緣棄了，海上來遊。」

⑦ **也何曾、直待馬千蹏，童千指**：也何嘗一直等到扶搖青雲，有著排場盛大的迎接隊伍，受到萬眾矚目的日子到來。**何曾**：何嘗、幾曾。唐王昌齡〈九日登高〉：「謾說陶潛籬下醉，何曾得見此風流？」

十八、〈滿江紅〉　　送李清甫赴西蜀提刑副使①

萬古雲霄，誰辦得、妙齡勳業。長有恨、君恩未報，鬢毛先雪。紫詔俄從天闕下，繡衣已逐星軺發②。但七千里外望庭闈，三年別③。　　忠與

孝，心應切。行與止，君須決。說蜀中父老，望君如渴。地迥無妨鷹隼繫，山深要靜狐狸穴④。著新詩、收拾錦城春，歸來說⑤。

【箋注】

① **送李清甫赴西蜀提刑副使**：送李清甫到四川任職提刑副使，糾察不法政治。**李清甫**：至元年間與劉敏中同爲監察御史，後出爲西蜀提刑副使。劉敏中有〈大雨察院獨坐書呈朋益清甫二御史〉、〈謝李清甫惠端研〉、〈清甫見和復次韻答之〉詩三首，趙孟頫有〈送李清甫由御史出按四川〉詩、王旭亦有〈送李清甫〉，餘不詳。**西蜀**：今四川省，古爲蜀地，因在西方，故稱「西蜀」。唐杜甫〈諸將〉之五：「西蜀地形天下險，安危須仗出羣材。」**提刑**：職官名，「提刑肅政廉訪使」的簡稱。元代於全國各道均設提刑按察司，後改爲肅政廉訪司，置廉訪使二員，正三品。掌管糾察該道的官吏善惡、政治得失和獄刑等事。元關漢卿《竇娥冤》第四折：「只因老夫廉能清正，節操堅剛，謝聖恩可憐，加老夫兩淮提刑肅政廉訪使之職。」

② **紫詔俄從天闕下，繡衣已逐星軺發**：皇帝的詔書已經頒佈，華麗的官服也已由使者代爲遞交。**紫詔**：即紫泥詔，又稱紫泥書，爲皇帝詔書。南唐李中〈送閻侍御歸闕〉：「羨君乘紫詔，歸路指通津。」**天闕**：指朝廷或京都。唐韓愈〈贈刑部馬侍郎〉：「暫從相公平小寇，便歸天闕致時康。」**繡衣**：彩繡的絲綢衣服，爲古代貴者所服。《南史·崔祖思傳》：「東阿婦以繡衣賜死，王景興以折米見誚。」**星軺**：使者所乘的車，亦借指使者。唐宋之問〈奉和梁王宴龍泓應教〉：「水府淪幽壑，星軺下紫微。」

③ **但七千里外望庭闈，三年別**：一別便是三年，只能在遙遠的蜀地思念親人。**庭闈**：父母所住的廳房，借指父母。唐杜甫〈送韓十四江東省覲〉：「我已無家尋弟妹，君今何處訪庭闈？」

④ **地迥無妨鷹隼繫，山深要靜狐狸穴**：四川的大地遼遠，沒有妨礙到猛禽自在遨翔；四川的山林幽靜，適合狐狸藏身其中。此謂來到四川，足可讓李清甫發揮才能，不受妨礙，適合棲身於此。**迥**：遼遠。唐王勃〈滕王閣序〉：「天高地迥，覺宇宙之無窮。」**鷹隼**：鷹和鷂，泛指猛禽。宋葉適〈次王道夫舟中韻〉：「鳴鳥不聞千仞遠，搏風鷹隼頓能高。」

⑤ **著新詩、收拾錦城春，歸來說**：希望你能把新的詩作，連同四川的錦繡春

光，回來一併告訴我。**錦城**：即錦官城，故址在今四川成都南。成都舊有大城、少城。少城古為掌織錦官員之官署，因稱「錦官城」。後作「成都」之別稱。唐李白〈蜀道難〉：「錦城雖云樂，不如早還家。」

十九、〈滿江紅〉　送鄭鵬南經歷赴河東廉訪幕①

宿酒初醒，秋已老、故人來別。情味惡、從前萬事，不堪重說②。大抵男兒忠孝耳，此身如葉心如鐵。但始終夷險要扶持，平生節③。　　湖海氣，詩書業。霜雪地，風雲客④。問而今月旦，果誰豪傑⑤。君去還經汾水上，依然照見齊州月⑥。怕相思、休費短長吟，生華髮⑦。

【箋注】

① **送鄭鵬南經歷赴河東廉訪幕**：送別鄭鵬南經歷前往河東任職廉訪幕僚。**鄭鵬南**：名鄭雲翼，鵬南為其字，永平人。大德五年（1301）任南臺御史，延祐二年（1315）累遷南臺都事。**經歷**：官名，職掌出納文書。自金代、元代至清代皆曾設置。**河東**：黃河流經山西省境，自北而南，故稱山西省境內黃河以東的地區為河東。《左傳・僖公十五年》：「于是秦始征晉河東，置官司焉。」**廉訪**：宋代廉訪使者、元代肅政廉訪使及後世按察使的通稱。

② **情味惡、從前萬事，不堪重說**：興致不佳，以致於不忍重提從前種種。**情味**：猶情趣。宋蘇舜欽〈滄浪靜吟〉：「獨繞虛亭步石矼，靜中情味世無雙。」**惡**：粗劣、不好。宋李清照〈憶秦娥〉：「斷香殘酒情懷惡。」

③ **但始終夷險要扶持，平生節**：終究要以扶持國家的安危為己任，持守志節。**夷險**：指國運的平順與艱險。晉陶潛〈五月旦和戴主簿〉：「遷化或夷險，肆志無窊隆。」

④ **霜雪地，風雲客**：到霜雪遍地的艱困環境，懷抱著高遠的志向。**風雲**：比喻雄韜大略或高情遠志。金元好問〈解劍行〉：「壯懷風雲鬱沉沉，慚媿漂母無千金。」

⑤ **問而今月旦，果誰豪傑**：品評當今眾多人物，你就是那才能出眾的豪邁之士。**月旦**：指月旦評，品評人物。南朝梁劉孝標〈廣絕交論〉：「雌黃出其脣吻，朱紫由其月旦。」

⑥君去還經汾水上，依然照見齊州月：此去經過汾水一帶，抬頭所見仍是同
　一個月亮。意謂離別時的不捨與相思。**汾水**：河川名。源出山西省寧武縣
　西南管涔山，西南流於榮河縣北注入黃河。**齊州**：猶中州，古時指中國。
　唐李賀〈夢天〉：「遙望齊州九點煙，一泓海水杯中瀉。」

⑦怕相思、休費短長吟，生華髮：唯恐相思惱人，不要費心苦吟作詩，以免
　早生白髮。**短長吟**：借指作詩。唐杜甫〈渝州候嚴六侍御不到先下峽〉：「不
　知雲雨散，虛費短長吟。」**華髮**：花白頭髮。宋蘇軾〈次韻詔守狄大夫〉：
　「華髮蕭蕭老遂良，一身萍掛海中央。」

二十、〈念奴嬌〉　　聖節進酒①詞

　　龍飛九五，記虹流電繞，天開華旦②。萬寶成時秋正好，四海皇皇枕
藇③。教雨仁風，聲名文物，允協斯民願④。途歌里詠，太平今日真見。
　　　　遙想禹子湯孫，堯臣漢相，拂曉班如剪⑤。萬國衣冠同拜舞，春
滿九重宮殿⑥。湛露恩隆，南山慶遠，處處須新宴⑦。瞻天望聖，玉厄
萬壽遙獻⑧。

【箋注】

①聖節進酒：在黃帝生辰日時斟酒勸飲。**聖節**：唐開元十七年（729）八月五
　日玄宗生日，左丞相源乾曜、右丞相張說等上表請以是日為千秋節，制許
　之。後歷代皇帝生日或訂節名，或不定節名，皆稱為聖節。唐李洞〈喜鸞
　公自蜀歸〉：「歸來逢聖節，吟步上堯階。」

②龍飛九五，記虹流電繞，天開華旦：形容帝王的不凡出世，正是良辰時節，
　天下盛事。**電繞**：此用《史記·五帝本紀》黃帝誕生典故。黃帝之母於祁
　野，見大電繞北斗樞星，感而懷孕，二十四月而生黃帝於壽丘。後因以「電
　繞樞光」為誕育聖人之典。宋陸游〈瑞慶節賀表〉：「虹流電繞，適當聖作
　之辰；鰲抃嵩呼，共效壽祺之祝。」**華旦**：吉日良辰，光明盛世。宋范仲
　淹〈上張右丞書〉：「恭維右丞，維嶽降神，儀我華旦。」

③萬寶成時秋正好，四海皇皇枕藇：美好的秋日裡，萬物長成，在廣袤的天
　地裡各得其所。**萬寶**：猶萬物。漢史岑〈出師頌〉：「皇運來授，萬寶增煥。」
　皇皇：寬廣、通達貌。《莊子·知北遊》：「其來無跡，其往無崖，無門無房，

四達之皇皇也。」

④ **敎雨仁風，聲名文物，允協斯民願**：帝王的德政施行於天下，如春風霖雨，無論聲敎名敎或是禮樂制度，都確實符合人民的期待。仁風：比喻恩澤如風之流布。舊時多用以頌揚帝王或地方長官的德政。晉潘岳〈爲賈謐作贈陸機〉：「大晉統天，仁風遐揚。」允協：確實符合。《尚書‧說命》：「王忱不艱，允協于先王成德。」

⑤ **禹子湯孫，堯臣漢相，拂曉班如剪**：禹湯的子孫，堯漢的臣相，接近天明時盤桓不進，整齊列隊分開兩排恭迎。班如：盤桓不進貌。《易‧屯》：「六二，屯如，邅如，乘馬班如。」

⑥ **萬國衣冠同拜舞，春滿九重宮殿**：他國使節盛裝前來拜壽，春意瀰漫整個宮廷。拜舞：跪拜與舞蹈，爲古代朝拜的禮節。唐杜甫〈書諷錄事宅觀曹將軍馬圖歌〉：「盤賜將軍拜舞歸，輕紈細綺相追飛。」

⑦ **湛露恩隆，南山慶遠，處處須新宴**：帝王的恩澤盛大，使節臣子們爲了祝福帝王長壽無疆，到處都擺滿了筵席。湛露：《詩經‧小雅》篇名。《左傳‧文公四年》：「昔諸侯朝正於王，王宴樂之，於是乎賦〈湛露〉。則天子當陽，諸侯用命也。」後因以喻君主之恩澤。唐陳子昂〈爲建安王獻食表〉：「策勳飲至，頻承湛露之恩。」

⑧ **瞻天望聖，玉卮萬壽遙獻**：臣在遙遠的地方，瞻仰天空，想望聖主的面容，舉杯祝壽。玉卮：玉製的酒杯。《史記‧高祖本紀》：「高祖奉玉卮，起爲太上皇壽。」

二十一、〈念奴嬌〉

　　大德己亥多，余再至京師，聞中書掾東平張君敬甫以練達俊偉遊諸公間，名聲籍籍①。已而識君於王禮部彥博家，歲餘，君掾秩滿，出尹余鄉陽丘。陽丘大縣，繁阜難治，君至，剔疣抉蠹，善政日聞②。甲辰春，余還繡江野亭，實邇縣郛，君苟有暇，必從容就余，嘯詠相忘，追泉石之樂。是歲十月，君受代，自爾來益數，情益欵，而知益以深。憶昔言曰：吾當去矣，途既戒矣，先生豈有言乎③？余諗之曰：敬甫，子以敬自銘者也④。人之才不同，概言則有能有不能，無可無不可，二者而已。若吾子⑤無可無不可者歟，以無可無不

可之才，而行之以敬，則異時功業之所就，非余所得慮者，子惟持子之敬，慎子之才而已矣。衰懷激烈，不覺黯然，於是飲之酒，而贈之以歌，實乙巳三月下澣⑥一日也。

百花開後，殿餘春、只有翻階紅藥⑦。人似春光留不住，半夜東風作惡。寥落離懷，蒼涼行色，更與花前酌⑧。浩歌⑨一曲，鳥啼花自飛落。

瀟洒誰復如君，溪山如此，何限山中樂。政爾功名相促迫，眼底西臺東閣⑩。我識君才，青雲明日，萬里秋天鶴。有時還夢，野亭亭下巖壑⑪。

【編年】

乙巳年即元成宗大德九年（1305），時年六十三。

【箋注】

① 聞中書掾東平張君敬甫以練達俊偉遊諸公間，名聲籍籍：聽說中書掾張敬甫以通曉世情、卓異壯美而聞名於官宦之間。掾：古代官府屬員的通稱。《漢書·蕭何傳》：「（何）以文毋害，爲沛主吏掾。」東平：地名，在今山東省。三國魏曹丕《典論·論文》：「今之文人，魯國孔融文舉……東平劉楨公幹。」張敬甫：張德聚，字敬甫，晉寧人。延祐四年（1317）爲興和路治中。練達：謂閱歷豐富，通曉世故人情。宋羅大經《鶴林玉露》卷十四：「旂叟號西堂天生，開明練達，遇事如破竹。」俊偉：卓異壯美。漢陳琳〈爲袁紹檄豫州〉：「故九江太守邊讓，英才俊偉，天下知名。」籍籍：聲名盛大貌。唐杜甫〈贈蜀僧閭丘師兄〉：「大師銅梁秀，籍籍名家孫。」

② 已而識君於王禮部彥博家……善政日聞：不久在王彥博家與你相識，一年多後，你的任期屆滿，到我的故鄉陽丘縣上任。陽丘縣務繁雜，然經你的大刀闊斧，改革弊端，善政逐漸傳聞開來。秩：官吏的職位、品級。《史記·秦本紀》：「遂復三人官秩如故。」剔疣抉蠹：挖開贅長的腫瘤，剔除有害的蛀蟲。喻革除弊端，使政治通暢執行。

③ 甲辰春……先生豈有言乎：甲辰（1304）春天，我歸返繡江野亭，因與你地理相近，若有空閒，便時相邀約吟詠、忘情於山水之間。是年十月，你的任職期滿，但我們二人的友誼卻日益深刻。當我回想當年屢屢感嘆仕途艱難時，你卻不曾有所抱怨。郛：外城。《左傳·隱公五年》：「伐宋，入其

郭，以報東門之役。」**受代**：舊時謂官吏任滿由新官代替爲受代。《北史・侯深傳》：「而貴平自以斛斯椿黨，亦不受代。」

④ **余諗之曰：敬甫，子以敬自銘者也**：我明白到敬甫爲何不曾怨嘆世路艱辛，那是因爲你總以「敬」作爲座右銘的緣故。**諗**：知悉。同「讅」。元戴良〈跋錢舜舉所臨閻立本〈西域圖〉〉：「因茅元禮攜至求題，姑志所聞如是，博雅君子，必有能諗之者。」

⑤ **吾子**：一般用於男性之間，表示對對方的敬愛之稱。南朝梁沈約〈報王筠書〉：「擅美推能，寔歸吾子。」

⑥ **下澣**：亦作「下浣」，指爲官逢下旬的休息日，亦指農曆每月的下旬。

⑦ **百花開後，殿餘春，只有翻階紅藥**：百花綻放過後，晚春的聽堂階上，只有被風吹掃翻落的紅藥殘片。此係化用南朝齊謝朓〈直中書省〉：「紅藥當階翻，蒼苔依砌上。」**餘春**：暮春、殘春。唐李白〈惜餘春賦〉：「惜餘春之將闌，每爲恨兮不淺。」

⑧ **寥落離懷，蒼涼行色，更與花前酌**：孤單惆悵的離情，蒼茫淒涼的情狀，在花前下飲酒遣懷。**寥落**：謂孤單、寂寞。唐張九齡〈南還以詩代書贈京都舊寮〉：「去國誠寥落，經途弊險巇。」**行色**：行旅出發前後的情狀、氣派。五代馮延巳〈歸國謠〉：「蘆花千里霜月白，傷行色，明朝便是關山隔。」

⑨ **浩歌**：放聲高歌。唐杜甫〈玉華宮〉：「憂來藉草坐，浩歌淚盈把。」

⑩ **政爾功名相促迫，眼底西臺東閣**：正當仕宦之路通達，詔書催逼上任，功名在身。**政爾**：政通「正」，指正當。宋辛棄疾〈永遇樂・檢校停雲新種杉松戲作〉：「投老空山，萬松手種，政爾堪嘆。」**西臺**：官署名。（1）唐宋時，稱御史臺爲「西臺」。宋陸游《老學庵筆記》卷六：「唐人本謂御史在長安者爲西臺，言其雄劇，以別分司東都，事見《劇談錄》。本朝都汴，謂洛陽爲西京，亦置御史臺，至爲散地。以其在西京，亦號『西臺』，名同而實異也。」（2）中書省的別稱。宋馬端臨《文獻通考・職官五》：「（中書省）後魏亦謂之西臺……唐武德三年，復中書省。龍朔二年改爲西臺。」（3）刑部的別稱。清梁章鉅《稱謂錄・刑部》：「隋改都官爲刑部尙書。唐天寶中改爲憲部，亦曰西臺。」**東閣**：東向的小門。《漢書・公孫弘傳》：「弘自見爲舉首，起徒步，數年至宰相封侯，於是起客館，開東閣以延賢人，與參謀議。」後用以指宰相招賢的地方。唐李商隱〈哭遂州蕭侍郎二十四韻〉：

「早歲思東閣，爲邦屬故國。」

⑪巖壑：山巒溪谷。唐盧綸〈太白西峰書懷〉：「山明鳥聲樂，日氣生巖壑。」

二十二、〈念奴嬌〉

仲庸①集賢以冬日桃花並樂章贈漁莊②公，漁莊邀和，因次其韻。

探梅時候，怯朝寒、倦說梅溪清淺③。誰竊玄都春一握，烘暖小齋冰硯④。
何意芳妍，如今又與，前度劉郎面⑤。武陵回首，斷腸流水花片⑥。　　信
道造化能移，何須更問，世事雲千變⑦。猶勝當時深院裏，滿樹芳菲細剪。
寶鴨熏香，銅瓶浴水，休把重簾捲。風流故在，乞漿怕有人見⑧。

【箋注】

① 仲庸：王仲庸，生平不詳，祖輩行醫。皇慶天子嗣位時，賜帛高年興孝治。

② 漁莊：爲韓雲卿別號。劉敏中〈題韓雲卿參議漁莊圖〉：「漁莊舊住無名亭，
無名今以漁莊名。」又〈沁園春〉自注：「韓家有無名亭。」漁莊本名韓從
益，字雲卿，安陽人，澍子。累官江浙行省參政，入爲翰林侍講，至治三
年（1323）拜昭文館大學士、商議中書省事。卒贈右丞魏郡公，諡文肅。

③ 探梅時候，怯朝寒、倦說梅溪清淺：又到尋訪梅花的節候，我畏縮於清早
的寒氣，精神懶怠地說這梅溪清澈不深。清淺：謂清澈不深。宋王安石〈蒲
葉〉：「蒲葉清淺水，杏花和暖風。」

④ 誰竊玄都春一握，烘暖小齋冰硯：誰來竊取玄都仙山的春暖，好來溫熱書
房裡冰冷的硯臺。玄都：傳說中神仙居處。《海內十洲記・玄洲》：「上有大
玄都，仙伯眞公所治。」又晉葛洪《枕中書》引《眞記》曰：「玄都玉京七
寶山，週迴九萬里，在大羅之上，城上七寶宮，宮內七寶臺，有上中下三
宮……上宮是盤古眞人元始天尊太元聖母所治。」唐杜甫〈冬日洛城北謁
玄元黃帝廟〉：「配極玄都閟，憑高禁禦長。」

⑤ 何意芳妍，如今又與，前度劉郎面：不意冬梅又再度盛開。何意：豈料、不
意。三國魏吳質〈答魏太子箋〉：「自謂可終始相保，並騁材力，效節明主，
何意數年之間，死喪略盡。」前度劉郎：相傳東漢永平年間，劉晨、阮肇入
天臺山採藥，爲仙女所邀，留半年，求歸，抵家時，親舊零落，邑屋改異，

子孫已七世。傳聞上世入山，迷不得歸，至晉太元八年（383），忽復去，不知何所。典見南朝宋劉義慶《幽明錄》。後遂稱去而復來的人為「前度劉郎」。唐劉禹錫〈再遊玄都觀〉：「種桃道士歸何處？前度劉郎今又來。」

⑥武陵回首，斷腸流水花片：回想起武陵舊事，不禁傷心感懷，只見墜落的片片桃花瓣隨水漂流。武陵：晉朝陶淵明作〈桃花源記〉，文中描述武陵漁人遇見一群因避秦亂世，而生活在與世隔絕之地的人。此處原是陶淵明理想中的居住國度，後比喻世外樂土或避世隱居的地方。宋陸游〈小舟遊近村捨舟步歸〉：「寒日欲沉蒼霧合，人間隨處有桃源。」斷腸：形容極度思念或悲痛。唐李白〈清平調〉之二：「一枝紅豔露凝香，雲雨巫山枉斷腸。」

⑦信道造化能移，何須更問，世事雲千變：相信個人的福分命運是會改變的，何必再問，世事有如雲般千變萬化。何須：猶何必、何用。宋賀鑄〈臨江仙〉：「何須繡被，來伴擁蓑眠？」

⑧風流故在，乞漿怕有人見：瀟灑放逸的風度仍在，卻怕有人看見我貪杯乞酒的樣子。

二十三、〈念奴嬌〉　　又次前韻

看花須約，一千年、知赴瑤池緣淺。雪裏花枝來索句，恍覺春生冷硯。卻憶前時，尋芳處處，霞影浮杯面①。酒醒花落，樹頭飛下餘片。　　何事歲晚重妍，多情應笑，我早朱顏變②。依樣鉛華紅勝錦，爭得瓶梅並剪③。小閣幽窗，回寒向暖，百怕霜風卷。舊家野老，也來驚訝希見④。

【箋注】

①卻憶前時，尋芳處處，霞影浮杯面：回想先前四處賞花，霞光落在杯裡，和酒漿一同蕩漾。霞影：雲霞之影。南朝梁何遜〈春夕早泊和劉諮議落日望水〉：「草光天際合，霞影水中浮。」

②何事歲晚重妍，多情應笑，我早朱顏變：為什麼一年將盡而花開豔麗，有情人應該會笑我，如今面容衰老。此係化用宋蘇軾〈念奴嬌‧赤壁懷古〉：「多情應笑我，早生華髮。」何事：為何，何故。宋劉過〈水調歌頭〉：「湖

上新亭好，何事不曾來？」朱顏：泛指年輕的容貌。南唐李煜〈虞美人〉：「雕闌玉砌應猶在，只是朱顏改。」

③ **依樣鉛華紅勝錦，爭得瓶梅並剪**：形容桃花色澤豔麗，勝過織錦，可與瓶中的梅花爭妍比美。**依樣**：照樣、依舊。唐劉禹錫〈和浙西李大夫伊川卜居〉：「按經修道具，依樣買山村。」**鉛華**：婦女化妝用的鉛粉。宋洪邁《夷堅乙志・餘杭宗女》：「一女子可二十許歲，粉黛鉛華，如新傅者。」

④ **舊家野老，也來驚訝希見**：先前那些村野老人，也都因桃花之美而感到驚奇少見。**野老**：村野老人。南朝梁丘遲〈旦發漁浦潭〉：「村童忽相聚，野老時一望。」

二十四、〈念奴嬌〉　　自述呈知己時有小言

　　烏飛兔走，嘆勞生、浮世忽忽如此①。眼底風塵今古夢，到了誰非誰是②。擊短扶長，曲邀橫結，為問都能幾③。悠悠長嘯，謾嗟真箇男子④。
　　　　數載黃卷青燈，種蘭植蕙，頗遂平生喜。冷笑紛紛兒女語，都付春風馬耳⑤。美景良辰，親朋密友，有酒何妨醉。高歌一曲，二三知己知彼。

【箋注】

① **烏飛兔走，嘆勞生、浮世忽忽如此**：時光飛快流逝，感嘆此生辛苦勞累過活，人間忽忽度過。**烏飛兔走**：古代傳說太陽中有金烏，月亮中有玉兔。比喻日月運行，光陰流逝快速。**勞生**：《莊子・大宗師》：「夫大塊載我以形，勞我以生，佚我以老，息我以死。」後以「勞生」指辛苦勞累的生活。唐張喬〈江南別友人〉：「勞生故白頭，頭白未應休。」**浮世**：人間、人世。舊時認為人間是浮沉聚散不定的，故稱。唐許渾〈將赴京留贈僧院〉：「空悲浮世雲無定，多感流年水不還。」

② **眼底風塵今古夢，到了誰非誰是**：眼前的紛擾塵世恍如一夢，最終誰是誰非？意謂自身但求問心無愧，莫太計較，是非自有公評。**風塵**：塵世，紛擾的現實生活境界。唐皇甫冉〈送朱逸人〉：「雖在風塵裡，陶潛身自閒。」

③ **擊短扶長，曲邀橫結，為問都能幾**：小人們欺負弱小者，依附幫助有權勢

的人，互相勾結，沆瀣一氣。我不禁思索，他們究竟能橫行幾時？這裡引
用唐杜牧〈望故園賦〉：「人固有尚，珠金印節；人固有為，背憎面悅；擊
短扶長，曲邀橫結。」篇中表達對故鄉的思念，以及對社會險惡、個人壯
志難酬的憤慨。**短**：指弱小之人。**長**：指有權勢之人。**曲、橫**：不正當的。
邀：約會。**結**：勾結。

④ **悠悠長嘯，謾嗟眞箇男子**：緩緩地發出悠長清越的聲音，感嘆眞是個男人。
悠悠：形容聲音緩慢細長。唐王維〈秋夜獨坐〉：「夜靜羣動息，蟪蛄聲悠
悠。」**謾嗟**：空嘆。**謾**：通「漫」。宋王安石〈桂枝香‧金陵懷古〉：「千古
憑高，對此謾嗟榮辱。」**眞箇**：眞的、確實。唐王維〈酬黎居士淅川作〉：
「儂家眞箇去，公定隨儂否。」

⑤ **冷笑紛紛兒女語，都付春風馬耳**：前句化用自宋辛棄疾〈沁園春〉：「老子平生，
笑盡人間，兒女怨恩。」指不去在意人們的閒言閒語，都讓它們隨風而去。**兒
女**：泛指男女。唐王勃〈杜少府之任蜀州〉：「無爲在岐路，兒女共霑巾。」

二十五、〈沁園春〉

仲敬吾友歸自曹南①，而壽辰適至，喜可知也已。因憶僕②前日所寄〈沁
園春〉樂章，遂用其韻，俾奉觴者歌以侑歡云③。

萬里長風，一夕吹君，飛來自南④。想江東渭北，同驚過鴈，升高望遠，
幾度停驂⑤。驀地相看，茫然皓首，依舊華峰碧玉簪⑥。風雷起，放連宵
痛飲，擁席高談⑦。　　君才何地非堪⑧。從此看、恩麻綵鳳銜⑨。但平
生出處，於心已卜，古人事業，著力須貪⑩。有道如斯，區區更問，紫綬
朱衣青布衫⑪。今秋菊，也為君開早，香滿均庵⑫。

中秋後十日菊花爛開⑬。

【箋注】

① **仲敬吾友歸自曹南**：仲敬自曹州（今山東荷澤）南部歸返。仲敬，即智京，
事詳〈木蘭花慢‧八月二十五日爲仲敬壽〉注。

② **僕**：引申爲自謙之詞。魏曹植〈與楊德祖書〉：「僕少小好爲文章，迄至於
今。」

③ **俾奉觴者歌以侑歡云**：使舉杯敬酒祝壽時，可以歌唱助興。**奉觴**：舉杯敬

酒。唐李紳〈卻渡西陵別越中父老〉:「傾手奉觴看故老,擁流爭拜見孩提。」
侑歡:助興,增其歡樂。《新唐書・讓黃帝憲傳》:「南曰『勤政務本之樓』,帝時時登之,聞諸王作樂,必亟召升樓,與同榻坐,或就幸第,賦詩燕嬉,賜金帛侑歡。」

④**萬里長風,一夕吹君,飛來自南**:萬里外的大風,很快地把你從南方吹回來。**長風**:大風。《文選・曹植・雜詩》六首之二:「轉蓬離本根,飄飄隨長風。」

⑤**想江東渭北,同驚過鴈,升高望遠,幾度停驂**:此處化用唐杜甫〈春日憶李白〉「渭北春天樹,江東日暮雲,何時一樽酒,重與細論文」之詩意,形容朋友分隔相思之情。**渭**:渭水名,為黃河最大支流。源出甘肅省鳥鼠山,橫貫陝西省中部,至潼關入黃河。漢張衡〈西京賦〉:「畫地成川,流渭通涇。」**停驂**:將馬勒住,停止前進,有停車的意思。南朝齊謝朓〈新亭渚別范零陵〉:「停驂我悵望,輟棹子夷猶。」

⑥**驀地相看,茫然皓首,依舊華峰碧玉簪**:突然相見,我們已是蒼茫白髮,而青山依然像一只碧綠的首飾,靜靜配戴在大地上。**驀地**:出乎意料地;突然。宋張繼先〈沁園春〉:「幽絕處,聽龍吟虎嘯,驀地風雷。」

⑦**風雷起,放連宵痛飲,擁席高談**:風雷興起,就讓我們通宵盡情地喝酒,坐在席子上侃侃而談。**連宵**:猶通宵。宋蘇轍〈次韻王鞏見寄〉:「君家有酒能無事,客醉連宵遣不迴。」**痛飲**:盡情地喝酒。唐杜甫〈陪章留後侍御宴南樓〉:「寇盜狂歌外,形骸痛飲中。」

⑧**君才何地非堪**:您的才能到哪裡是無法勝任的呢?此乃反詰,意謂仲敬才華無處不受賞識。**堪**:勝任。《國語・周語下》:「若不堪重,則多作輕而行之。」

⑨**從此看,恩麻綵鳳銜**:從今而後,鳳凰將銜著任命的詔書前來。**麻**:唐宋時詔書用黃、白麻紙書寫,故用為詔書的代稱。《新唐書・崔沆傳》:「乾符五年,以戶部侍郎同中書門下平章事,昕旦告麻,大霧塞廷中。」**綵鳳**:鳳凰的美稱。唐李商隱〈無題〉:「身無綵鳳雙飛翼,心有靈犀一點通。」

⑩**但平生出處,於心已卜,古人事業,著力須貪**:一生的出路進退,心裡已有所準備,對於古人所說的成就功業,則是盡力求取。**著力**:盡力、用力。五代吳涵虛〈上升歌〉:「玉皇有詔登仙職,龍吐雲兮鳳著力。」

⑪ **紫綬朱衣青布衫**：此句化用唐白居易〈王夫子〉：「紫綬朱紱青布衫，顏色不同而已矣。」此指平步青雲，享受高官厚祿。**紫綬**：紫色絲帶。古代高官用作印組，或作服飾。唐李白〈門有車馬客行〉：「空談霸王略，紫綬不掛身。」**朱衣**：穿著大紅色的官服。指入仕、升官。宋徐鉉〈送劉山陽〉：「舊族知名士，朱衣宰楚城。」

⑫ **今秋菊，也爲君開早，香滿均庵**：而今秋菊也爲你早開，香氣均匀地飄散在屋子裡。**庵**：圓頂草屋。晉葛洪《神仙傳・焦先》：「居河之湄，結草爲庵。」

⑬ **爛開**：盛開。宋司馬光〈早春寄景仁〉：「辛夷花爛開，故人殊未來。」

二十六、〈沁園春〉

　　大德甲辰之歲，張君秀實得石百脉泉南麓土中，輒以遺余①，余使視之，石四旁皆大石，附而不屬②，土周隙間，宛然猶胞胎，抉其土，碎其旁石而取焉，寘③之所居中庵之前，余命之曰「太初之巖」，且號曰「蒼然子」，奇之也。頃余族弟仲仁得石太初所出之旁，又以見遺，其胞胎猶太初，而艱深倍之。仲寬弟合眾力出之，闢垣④而納之，寘之中庵之後，又一奇也。徐思其名，自混沌⑤始分，而有是質，迄於茲遠矣，乃得安常守密，無動移摧剝之患，渾然天全，獨立遠矣。其狀雄拔高峻，壁嶺竅穴，嵐彩輝煥，意態橫出，雖具眼未易盡其妙遠矣⑥。生而與太初並處，出而與太初對列，協久要⑦不忘之義又遠矣。有是四遠，而秀發⑧如此，乃定名曰「遠秀峰」，號之曰「頎然⑨子」云。且用太初樂章韻，作歌以喻之。石之至，延祐戊午仲春十有九日也，其歌曰：

　　石汝何來，政爾難忘，平生太初⑩。想將迎媚悅，無心在此，清奇古怪，有韻鏗如⑪。何乃排垣，直前不屈，似此疎頑其可乎⑫。今而後，有芳名雅號，聽我招呼。　　世間貴客豪夫。問幾箇、回頭認得渠。既千巖氣象，君都我許，四時襟抱，我為君虛⑬。無語相看，悠然意會，自引壺觴不願餘⑭。商歌發，恰風生細竹，月上高梧⑮。

【編年】

　　按「延祐戊午」即元仁宗延祐五年（1318），時年七十六。

【箋注】

①大德甲辰之歲，張君秀實得石百脈泉南麓土中，輟以遺余：大德甲辰
（1304），張秀實送我一顆取自百脈泉南方山腳下的大石。百脈泉：泉名，
在山東章丘縣。元劉敏中〈太初巖記〉：「繡江之源，其泉曰百脈。去百脈
西南七八里，皆淺山坡陀，不可種藝，而其下多石，然未有識而取之者。」
麓：山腳。唐杜甫〈課伐木〉：「人肩四根己，亭午下山麓。」遺：給予；
餽贈。宋蘇軾〈論高麗買書利害札子〉：「高麗所得賜予，若不分遺契丹，
則契丹安肯聽其來貢。」

②附而不屬：石頭靠在一起卻沒有互相連接。屬：聯接。宋鄒浩〈二月十五
朝拜建隆橋上偶作〉：「柳密行人看不見，輪蹄相屬但聞聲。」

③寘：放置、安置。《詩經·小雅·谷風》：「將恐將懼，寘予于懷。」

④闤垣：闤築矮牆。垣：矮牆。晉潘岳〈西征賦〉：「臨擒坎而累抃，步毀垣
以延佇。」

⑤混沌：傳說中天地未形成時的那種元氣未分，模糊不清的狀態。漢班固《白
虎通·天地》：「混沌相連，視之不見，聽之不聞，然後剖判。」

⑥其狀雄拔高峻，壁嶺竅穴，嵐彩輝燠，意態橫出，雖具眼未易盡其妙遠矣：
外觀雄偉峭拔，有像牆一般陡峭的石壁，還有煥發著溫熱光彩的山嵐，不
斷展現其神情姿態，就算是很有眼力的人也難以窮盡深遠。竅：空隙、洞
穴。唐柳宗元〈霹靂琴贊引〉：「始枯桐生石上，說者言有蛟龍伏其竅，一
夕暴震，為火之焚，至旦乃已，其餘碏然倒臥道上。」燠：暖、熱。宋梅
堯臣〈問牛喘賦〉：「若乃當春而燠，是為行夏令而火侵於木。」意態：神
情姿態。唐杜甫〈天育驃騎歌〉：「是何意態雄且傑，駿尾蕭梢朔風起。」
具眼：謂有識別事物的眼力。宋陸游〈冬夜對書卷有感〉：「萬卷雖多當具
眼，一言惟恕可銘膺。」妙遠：深遠。妙，通「眇」。漢王充《論衡·自
紀》：「言姦辭簡，指趨妙遠。」

⑦協久要：吻合舊交誼。久要：即舊交。宋王安石〈老人行〉：「古來人事已
如此，今日何須論久要。」

⑧秀發：形容山勢秀美挺拔。宋曾鞏〈萬山〉：「萬山臨漢皋，峰嶺頗秀發。」

⑨頎然：挺立修長貌。宋葉適〈祠山禱雨文〉：「未插之秧，十尚三四；頎然

塊中，插者行死。」

⑩ **石汝何來，政爾難忘，平生太初**：大石阿你從何而來，正是難忘，生發在上古混沌之時。**政爾**：正當。政，通「正」。宋辛棄疾〈永遇樂・檢校停雲新種杉松戲作〉：「投老空山，萬松手種，政爾堪嘆。」**太初**：天地未分之前的混沌元氣。《列子・天瑞》：「太初者，氣之始也。」

⑪ **想將迎媚悅，無心在此，清奇古怪，有韻鏗如**：你（指大石）無心於逢迎取悅，姿態美妙奇異，聲音洪亮。**將迎**：逢迎、迎合。《列子・湯問》：「不待殘戮而夭，不待將迎而壽。」**清奇**：美妙奇異。唐呂岩〈敲爻歌〉：「三清客，駕瓊輿，跨鳳騰霄入太虛，似此逍遙多快樂，遨遊三界最清奇。」**鏗**：形容金石玉木等所發出的洪亮聲。《禮記・樂記》：「鐘聲鏗，鏗以立號，號以立橫，橫以立武。」

⑫ **何乃排垣，直前不屈，似此疏頑其可乎**：為何排斥垣牆，徑直向前而不屈折，像這樣愚昧遲鈍可行嗎？**直前**：徑直向前。宋文天祥〈指南錄後序〉：「予自度不得脫，則直前詬虜帥失信。」**疏頑**：懶散頑鈍。宋曾鞏〈西園席上〉：「唯慭別乘疏頑甚，滿足塵埃更有詩。」

⑬ **四時襟抱，我為君虛**：謂保留奇石的襟懷抱負。**襟抱**：襟懷抱負。《舊唐書・忠義傳下・庾敬休》：「敬休姿容溫雅，襟抱夷曠，不飲酒茹葷，不邇聲色。」**虛**：空出。唐李商隱〈賈生〉：「可憐夜半虛前席，不問蒼生問鬼神。」

⑭ **無語相看，悠然意會，自引壺觴不願餘**：安靜地互相觀看，深遠領會其中的意思，拿著酒暢飲而不有剩餘。**悠然**：深遠貌。宋葉適〈朝奉郎致仕俞公墓誌銘〉：「入其塾，誦讀之鏘然，覃思之悠然，人雅多公父子不窮於儒也。」**壺觴**：酒器。這裡借代為酒。金馬定國〈送圖南〉：「壺觴送客柳亭東，回首三齊落照中。」

⑮ **商歌發，恰風生細竹，月上高梧**：唱起悲涼的歌，恰好夜風吹向細竹，月亮上升到梧桐樹之上。**商歌**：悲涼的歌。商歌淒涼悲切，故稱。《淮南子・道應訓》：「甯戚飯牛車下，望見桓公而悲，擊牛角而疾商歌。桓公聞之，撫其僕之手曰：『異哉，歌者非常人也。』命後車載之。」後以「商歌」比喻自薦求官。晉陶潛〈辛丑歲七月赴假還江陵夜行涂口〉：「商歌非吾事，依依在耦耕。」

二十七、〈沁園春〉

暢泊然純甫由山東僉憲謝病歸襄陽，以樂府〈沁園春〉見寄，次韻奉答。

世事何窮，遇合無媒，飛昇有丹①。看兵鏖蝸角②，爭知地窄，雲垂鵬翼，豈信天寬。一語侯封，九階夜轉，白髮十年不調官③。人曾說，道本來分定，枉了心艱④。　　苟非吾有誠難。問廣廈、何時千萬間⑤。羨柴扉草閣，自成瀟灑，斜風細雨，不用遮闌。麾去青驄，呼來白鳥，要伴扁舟畫裏看⑥。遨遊耳，儘才情風調，付與溪山⑦。

【箋注】

① **世事何窮，遇合無媒，飛昇有丹**：世事沒有窮盡，想成仙可通過服丹，而欲見到投合的人卻無人引薦。此乃感嘆知遇不易。**何窮**：無窮、無數。唐杜牧〈柳〉：「日落水流西復東，春光不盡柳何窮。」**無媒**：沒有引薦的人。比喻進身無路。唐杜牧〈送隱者一絕〉：「無媒徑路草蕭蕭，自古雲林遠市朝。」**飛昇**：謂羽化而升仙。唐鄭璧〈和襲美傷顧道士〉：「門人不覩飛昇去，猶與浮生哭恨同。」

② **兵鏖蝸角**：指雙方為小事而戰鬥激烈。**蝸角**：蝸牛的觸角。比喻微小之地。南朝梁沈約〈細言應令〉：「蝸角列州縣，毫端建朝市。」

③ **一語侯封，九階夜轉，白髮十年不調官**：朝廷一語便封你為侯，很快地又升調官職，在職十年之後白髮蒼蒼。**九階**：古代天子明堂有九個臺階。見《周禮・考工記・匠人》。後以指朝廷。

④ **人說道本來分定，枉了心艱**：人生命分有定，不能白費心力強求。**分定**：本分所定、命定。唐李商隱〈即日〉：「單棲應分定，辭疾索誰憂。」

⑤ **問廣廈、何時千萬間**：想問什麼時候才能有千萬間高大的房屋。比喻所蔭庇者多。這裡引用唐杜甫〈茅屋為秋風所破歌〉：「安得廣廈千萬間，大庇天下寒士俱歡顏。」**廣廈**：高大的房屋。《後漢書・崔駰傳》：「夫廣廈成而茂木暢，遠求存而良馬縶。」

⑥ **麾去青驄，呼來白鳥，要伴扁舟畫裡看**：揮手讓駿馬離去，叫來白鳥，讓牠陪伴坐在小船裡的我。形容過著悠閒自在的野居生活。**麾**：揮手使去。《漢書・樊噲傳》：「沛公如廁，麾噲去。」**青驄**：毛色青白相雜的駿馬。唐杜甫〈高都護驄馬行〉：「安西都護胡青驄，聲價欻然來向東。」

⑦遨遊耳，儘才情風調，付與溪山：到處漫遊罷了，將自身的才思品格，都託付給溪山。**風調**：風采、風韻。《隋書・楊素傳》：「其才藝風調，優於高熲。」

二十八、〈沁園春〉　　次前韻

別後何如，兩鬢全霜，寸心尚丹。但酒腸蕭瑟，常因病窄，詩懷寥落，強為秋寬①。無補公家，坐糜廩粟，自笑閒身也屬官②。思君甚，只夢魂夜夜，水阻雲艱。　　人才自古良難。問誰在、曹劉沈謝間③。想羊公石畔，臨風把酒，習家池上，待月憑闌④。黃絹飛來，青燈無寐，盥手薰香百過看。還知否，怕中年絲竹，難久東山⑤。

【箋注】

①但酒腸蕭瑟，常因病窄，詩懷寥落，強為秋寬：只是酒量時常因病而凋零衰退，寫詩的情懷也衰落了，勉強因秋日而鬆解心緒。**酒腸**：代指酒量。宋蘇轍〈送毛滂齋郎〉：「酒腸天與渾無敵，詩律家傳便出人。」

②無補公家，坐糜廩粟，自笑閒身也屬官：自言位居閒職，坐領薪俸，對朝廷家國沒有太大貢獻。**糜**：通「靡」。耗費、浪費。宋葉適〈陳民表墓誌銘〉：「今糜歲月，捐父母，棄室家，以爭優校，可乎？」

③人才自古良難。問誰在、曹劉沈謝間：人才難得，能有幾人比得上曹植、劉楨、沈約、謝朓之輩。

④想羊公石畔，臨風把酒，習家池上，待月憑闌：想著在羊公石旁當風飲酒，在習家池上，倚靠著欄杆欣賞月亮。**羊公**：羊祜（221～278），席家字叔子，晉南城人。武帝時鎮襄陽，綏懷遠近，甚得江漢人心，與陸抗對境，務修德以懷吳人，官至征南大將軍，陳伐吳之計，後病卒，南州民為之罷市巷哭，為立碑峴山，望其碑者皆流淚，時稱為「墮淚碑」。**習家池**：古蹟名，一名高陽池。在湖北襄陽峴山南。典出《晉書・山簡傳》：「簡鎮襄陽，諸習氏荊土豪族，有佳園池，簡每出遊嬉，多之池上，置酒輒醉，名之曰高陽池。」後多借指園池名勝。唐杜甫〈初冬〉：「日有習池醉，愁來〈梁甫吟〉。」

⑤還知否，怕中年絲竹，難久東山：還知道嗎？我擔憂這中年的樂器，難以保存留名於後世。絲竹：弦樂器與竹管樂器之總稱，亦泛指音樂。唐韋應物〈金谷園歌〉：「洛陽陌上人迴首，絲竹飄颻入青天。」

二十九、〈沁園春〉

　　韓雲卿右司邀賞牡丹，且云芍藥有雙頭者，以病不果①赴，作此以呈諸公。時余為國子祭酒。

　　先日空疎，幾載蹉跎，歷山繡江②。甚如今卻遣，官閒責重，茫然自愧，學陋言厖③。鬢雪難消，君恩莫報，五鬼欺陵不可降④。如何奈，強枝撐病骨，獨伴寒釭⑤。　　心如孤旆高杠⑥。但猶想茅齋對石矼⑦。笑隨身惟有，詩囊藥裹，打門誰送，酒榼羊腔⑧。夢裏笙歌，無名亭上，滿眼春風四面窗⑨。人如玉，看牡丹第一，芍藥成雙。

　　韓家有無名亭。

【編年】

　　劉敏中於大德三年（1299）再至京師，遷翰林直學士，兼國子祭酒。七年春，宣撫山北遼東道。故任職國子祭酒當落在大德三年至六年，時年五十七到六十之間。

【校勘】

〔作此以呈諸公〕：清文淵閣《四庫全書》本僅作「呈諸公」。

〔時余為國子祭酒〕：清文淵閣《四庫全書》本作「時余方為國子祭酒」。

〔先日〕：清文淵閣《四庫全書》本作「先自」。

〔歷山繡江〕：清文淵閣《四庫全書》本作「歷繞湖江」。

〔學陋〕：清文淵閣《四庫全書》本作「學醜」。

〔欺陵〕：清文淵閣《四庫全書》本作「欺凌」。

〔如何奈，強枝撐病骨〕：清文淵閣《四庫全書》本作「如何耐，強支撐病骨」。

〔石矼〕：清文淵閣《四庫全書》本作「石缸」。

〔羊腔〕：清文淵閣《四庫全書》本作「羊羫」。

〔**韓家有無名亭**〕：清文淵閣《四庫全書》本作「韓家有亭曰無名」。

【箋注】

① **不果**：不成，不能實現。宋蘇軾〈潮州修韓文公廟記〉：「前守欲請諸朝，作新廟，不果。」

② **先日空疎，幾載蹉跎，歷山繡江**：先前日子過得空虛散漫，幾年來虛度光陰，徘徊在歷山繡江。先日：從前。唐韓愈〈故金紫光祿大夫贈太傅董公行狀〉：「凡將大朝會，當事者既受命，皆先日習儀，于時未有。」空疎：空虛、散漫。宋楊億〈受詔修書述懷感事三十韻〉：「嵇康真懶漫，謝客本空疎。」歷山：山名。相傳舜初耕於此。歷山所在的說法很多：（1）位於山西省永濟縣東南，又名雷首山、歷觀，上有舜井。見《史記·五帝本紀·裴駰集解》。（2）位於山西省翼城東南，上有舜王坪。見《史記·五帝本紀·張守節正義》。（3）位於山東省歷城縣西南，山上有舜祠，故又名舜耕山。見北魏酈道元《水經注·濟水注》。或稱為「歷山」、「千佛山」。（4）位於山東省濮縣東南，上有陶墟，相傳舜耕陶於此。見北魏酈道元《水經注·瓠子河注》。（5）位於浙江省餘姚縣西北，有舜井。見《史記·五帝本紀·裴駰集解》。

③ **學陋言厖**：謙詞，自言學問淺薄，言語紛雜。厖：雜亂、紛亂。唐皮日休〈憶洞庭觀步十韻〉：「仙犬聲音古，遺民意緒厖。」

④ **鬢雪難消，君恩莫報，五鬼欺陵不可降**：雪白的鬢髮難以消退，無法報答君王的恩寵，五鬼欺壓而不願降服。五鬼：典出唐韓愈〈送窮文〉，指智窮、學窮、文窮、命窮、交窮五種窮鬼。金劉濤〈小雪〉：「馬遭其窘三山瘦，人坐詩工五鬼窮。」

⑤ **如何奈，強枝撐病骨，獨伴寒釭**：又能如何，只能勉強撐持一身病骨頭，孤獨伴著寒燈。寒釭：寒燈。唐白居易〈不睡〉：「焰短寒釭盡，聲長曉漏遲。」

⑥ **心如孤斾高杠**：心好比孤懸的旗子。杠：旗竿。唐韓愈〈病中贈張十八〉：「牛羊滿田野，解斾束空杠。」

⑦ **但猶想茅齋對石矼**：指嚮往幽居生活。茅齋：茅蓋的屋舍。唐孟浩然〈西山尋辛諤〉：「竹嶼見垂釣，茅齋聞讀書。」石矼：石橋。唐皮日休〈憶洞

庭觀步十韻〉：「上戌看綿蕝，登村度石矼。」

⑧笑隨身惟有，詩囊藥裏，打門誰送，酒榼羊腔：笑自己隨身只有存放詩稿和藥品的袋子；忽聽見叩門聲，是誰為我送來酒肉美食。詩囊：貯放詩稿的袋子。語本唐李商隱〈李長吉小傳〉：「恆從小奚奴，騎距驢，背一古破錦囊，遇有所得，即書投囊中。」宋陸游〈病中偶得名酒小醉作此篇是夕極寒〉：「詩囊羞澀悲才盡，藥裏縱橫覺病增。」酒榼：古代的貯酒器，可提挈。唐岑參〈早秋與諸子登虢州西亭觀眺〉：「酒榼緣青壁，瓜田傍綠溪。」羊腔：指羊的肋肉。宋陸游〈秋日郊居〉：「兩翁兒女論舊姻，酒擔羊腔喜色新。」

⑨夢裏笙歌，無名亭上，滿眼春風四面窗：只能在夢裡想像無名亭上奏樂歌唱的歡樂場景，放眼望去，春風自窗邊輕柔吹拂。笙歌：泛指奏樂唱歌。宋張子野〈南歌子〉：「相逢休惜醉顏酡，賴有西園明月照笙歌。」

三十、〈沁園春〉　題戶部郎完顏正甫①〈舒嘯圖〉，仍用盧疏齋②韻

華屋高軒，富貴之心，人皆有之。甚伯倫挈榼，惟知瀽酒，浩然踏雪，只解吟詩③。一見令人，利名都忘，更有高情元紫芝④。還知否，蓋道分彼此，事有參差。　看君綠髮雄姿。況千載風雲正遇時⑤。便登高舒嘯，如今太早，揚眉吐氣，過此還遲⑥。愧我衰殘，終然無補，久矣寒灰枯樹枝⑦。雲山夢，被畫圖喚起，情見乎辭⑧。

【校勘】

〔登高〕：清文淵閣《四庫全書》本作「登皋」。

【箋注】

①戶部郎完顏正甫：完顏正甫，至元二十七年（1290）由行臺御史，奉臺檄按河東山西諸郡。見元張之翰〈夢會圖詩序〉。戶部：古代六部之一。掌管全國土地、戶籍、賦稅等事務，為國家財務行政的最高機構。

②盧疏齋：名盧摯（1235～1300），字處道，一字莘老，號疏齋，涿州（今河北涿縣）人。博學工詩文，至元五年（1268）進士，累遷陝西按察使，歷江東按察使，尋改廉訪使，轉河南府路總管，大德初入為集賢學士，大中

大夫，未幾拜湖南廉訪使，遷江東道廉訪使，又召爲翰林學士，進承旨。詩文散曲俱有名，有《疏齋集》，明初尙存，後佚。今有李修生《盧疏齋輯存》，現存小令一百二十一首。

③ **甚伯倫挈榼，惟知媕酒，浩然踏雪，只解吟詩**：謂自己則願學劉伯倫、孟浩然這類的隱士高人，只知喝酒吟詩，生活雖然清貧卻保持著高情。**伯倫**：晉劉伶的字，與阮籍、嵇康等六人友好，稱「竹林七賢」。嘗作〈酒德頌〉，自稱「唯酒是務，焉知其餘」。因伶嗜酒如命，其妻涕泣勸諫，而伶反戲弄妻子，以醉爲樂。典出南朝宋劉義慶《世說新語‧任誕》。後世以伶爲蔑視禮法、縱酒避世的典型。**媕酒**：沉湎於酒；醉酒。宋劉過〈賀新郎〉：「人道愁來須媕酒，無奈愁深酒淺。」

④ **一見令人，利名都忘，更有高情元紫芝**：見到品德美好的人，便忘卻世俗的名韁利鎖，就像那高隱超然物外的元紫芝。**令人**：品德美好的人。《詩經‧邶風‧凱風》：「凱風自南，吹彼棘薪，母氏聖善，我無令人。」**元紫之**：元德秀（696～754），唐河南（今河南洛陽）人，字紫芝，家境貧寒，少孤，事母孝，舉進士，不忍去左右，自負母入京師。既擢第，母亡，廬於墓所，食不鹽酪，藉無茵席。服除，以襄困調南和尉，有惠政。黜陟使以聞，擢補龍武軍錄事參軍。元紫之天資聰穎，滿腹經綸，酷愛古琴。開元年間任魯山縣令，嘗築琴臺與民同樂，撫琴治縣，政通人和。諡號文行先生。

⑤ **況千載風雲正遇時**：何況千年來正遇上這大好時機。**遇時**：碰到良好的時機。隋李播〈天文大象賦〉：「壯高祖之遇時，聚五緯而相從。」

⑥ **便登高舒嘯，如今太早，揚眉吐氣，過此還遲**：登上高處長嘯，及早便能擺脫壓抑，一展才華，若不把握就要晚了。**舒嘯**：猶長嘯。放聲歌嘯。晉陶潛〈歸去來兮辭〉：「登東皋以舒嘯，臨清流而賦詩。」

⑦ **愧我衰殘，終然無補，久矣寒灰枯樹枝**：感嘆我年事已高，對人生已無所助益，心如死灰和枯枝。**寒灰**：謙詞。謂己無用。唐楊汝士〈和段相公夏登張儀樓〉：「遠山標宿雪，末席本寒灰。陪賞今爲忝，臨歡敢訴杯。」

⑧ **雲山夢，被畫圖喚起，情見乎辭**：隱居的情懷夢想，被圖畫所喚醒，便把眞情流露於字裡行間。**雲山**：遠離塵世的地方。隱者或出家人的居處。南朝梁江淹〈蕭被侍中敦勸表〉：「臣不能遵煙洲而謝歧伯，迎雲山而揖許由。」

三十一、〈沁園春〉　　壽張繡江①參政

長白之英，為國生賢，魁然此公②。看功名一出，江湖氣量，才華誰有，星斗③心胸。霖雨鹽梅，隨宜適用，已見時和歲又豐④。餘無事，但門庭清雅，車騎雍容⑤。　　秋香笑指離東⑥。道擬共他年伴赤松⑦。要河車挽水，雙瞳似月，丹砂伏火，兩頰還童⑧。雪落花開，東阡北陌，折簡⑨來呼白髮翁。高情在，是繡江綠野，黃閣清風。

【編年】

按張鏞江於大德元年（1297）拜中書參政，故本詞當作於此時或稍後，時年五十五。

【箋注】

① 張繡江：名張斯立，號繡江，章丘人。至元十六年（1279）任南臺御史，歷江浙行省員外郎、郎中，入為戶部侍郎，除中書參議，改戶部尚書，出僉江浙行省事，大德元年（1297）拜中書參政，七年以罪罷，仕至中書左丞。

② 長白之英，為國生賢，魁然此公：謂東北地靈人傑，孕育出張繡江這般卓然的人才。長白：山名。位於吉林省東部與韓國交界處，為東北最高山。夏季白岩裸露，秋初至翌年春則白雪皚皚，終年常白。山頂有天池，百泉奔流，為鴨綠、松花、圖們三江的源頭，亦是女真族的發祥地。亦稱為「白頭山」、「白山」。魁然：卓然突出貌。唐韓愈〈祭竇司業文〉：「惟君文行夙成，有聲江東，魁然厚重，長者之風。」

③ 星斗：喻超群的才華。宋蘇軾〈上虢州太守啟〉：「久仰圭璋之望，素欽星斗之名。」

④ 霖雨鹽梅，隨宜適用，已見時和歲又豐：善用政策治民，拔擢人才，使得年歲安和豐收。比喻濟世澤民，有所政績。霖雨：甘雨、時雨。比喻濟世澤民。宋范仲淹〈和太傅鄧公歸遊武當寄〉：「此日神仙丁令鶴，幾年霖雨武侯龍。」鹽梅：鹽味鹹，梅味酸，都是調味的必需品。亦喻指國家所需的賢才。語出《尚書·說命下》：「若作和羹，爾惟鹽梅。」指殷高宗命傅說為相的言辭，稱他是國家極需要的人，後因用以稱美相業的言辭。《梁書·處士傳·庾詵》：「勒州縣時加敦遣，庶能屈志，方冀鹽梅。」

⑤餘無事，但門庭清雅，車騎雍容：平時閒暇無事，只見門戶清高，車馬華貴大方。清雅：清高拔俗。《三國志・魏志・徐宣傳》：「尚書徐宣，體忠厚之行，秉直亮之性，清雅特立，不拘世俗。」雍容：形容華貴、有威儀。宋辛棄疾〈滿江紅・題冷泉亭〉之二：「便小駐，雍容千騎，羽觴飛急。」

⑥秋香笑指籬東：菊花笑著指向東邊的園圃。秋香：秋日開放的花。此指菊花。唐鄭谷〈菊〉：「露溼秋香滿池岸，由來不羨瓦松高。」

⑦道擬共他年伴赤松：謂將來想與赤松子長存。即長壽的願望。赤松：即赤松子，古代傳說中的仙人，後為道教所祭祀尊奉。漢王充《論衡・無形》：「赤松、王喬，好道為仙，度世不死。」

⑧要河車挽水，雙瞳似月，丹砂伏火，兩頰還童：道家以鉛、汞等原料煉丹，服食後據稱可返老還童，目光清明澄澈。此為對壽星容顏煥發、青春永駐的祈願。河車：道家煉丹的原料，即鉛。唐李白〈金陵與諸賢送權十一序〉：「而嘗採妊女於江華，收河車於清溪，與天水權昭夷，服勤爐火之業久矣。」丹砂：即朱砂。礦物名，色深紅，古代道教徒用以化汞煉丹。晉葛洪《抱朴子・金丹》：「凡草木燒之即燼，而丹砂燒之成水銀，積變又還成丹砂。」伏火：道家煉丹，調低爐火的溫度。唐朱慶餘〈贈道者〉：「藥成休伏火，符驗不傳人。」

⑨折簡：謂裁紙寫信。宋郭彖《睽車志》卷五：「一日郎官折簡寄妓，與為私約。」

三十二、〈沁園春〉　　和省中①諸公秋日海棠韻

花有花時，何事茲花，待開便開。看嫣然一笑，秋容也媚，問之不語，春意潛回②。靜想乾坤，中間萬有，元氣循環共一胎③。花如此，儘風流奇特，嘆了還猜。　　　三生月地雲階④。料曾被、西風點鏡臺⑤。悵賞餘人散，黃蜂日晚，夢回月落，白鷳霜催⑥。兩度頻繁，一番遲暮，爭似從他本分來⑦。青霄客，有留連新句，為寫芳埃⑧。

【校勘】

〔和省中諸公秋日海棠韻〕：清文淵閣《四庫全書》本題作「省右司秋日海棠

　和諸公韻」。

〔花如此，儘風流奇特〕：清文淵閣《四庫全書》本作「花如許，儘風流奇異」。

〔點鏡臺〕：清文淵閣《四庫全書》本作「照鏡臺」。

〔人散〕：清文淵閣《四庫全書》本作「人靜」。

〔頻繁〕：清文淵閣《四庫全書》本作「頻煩」。

【箋注】

① 省中：宮禁之中。唐王維〈酬郭給事〉：「禁裏疏鐘官舍晚，省中啼鳥吏人稀。」

② 看嫣然一笑，秋容也媚，問之不語，春意潛回：看海棠花嬌媚微笑的姿態，花容嫵媚，問而不答，但春天的氣象已經悄然回現。嫣然：嬌媚的笑態。宋賀鑄〈木蘭花〉：「嫣然何啻千金價，意遠態閒難入畫。」

③ 靜想乾坤，中間萬有，元氣循環共一胎：意謂天地之間，萬物無不是在自然之氣的循環中生成變化。乾坤：稱天地。金元好問〈自題中州集後〉之三：「萬古騷人嘔肺肝，乾坤清氣得來難。」萬有：猶萬物。南朝梁鍾嶸《詩品·總論》：「照燭三才，暉麗萬有。」元氣：泛指宇宙自然之氣。唐劉長卿〈岳陽館中望洞庭湖〉：「疊浪浮元氣，中流沒太陽。」

④ 月地雲階：以月爲地，以雲爲階。比喻仙境或景物美好的境界。宋陸游〈梅花〉之二：「月地雲階暗斷腸，知心誰解賞孤芳。」

⑤ 料曾被、西風點鏡臺：猜想曾經被秋風吹落到梳妝臺上。鏡臺：上面裝著鏡子的梳妝臺。唐唐暄〈還渭南感舊〉之一：「寢室悲長簟，妝樓泣鏡臺。」

⑥ 悵賞餘人散，黃蜂日晚，夢回月落，白鴈霜催：惆悵賞玩過後人潮散去，黃蜂飛舞，時近傍晚，夜裡自夢中醒來，已是月落時分，雁鳥飛過，霜寒催逼入骨。夢回：亦作夢迴。從夢中醒來。南唐李璟〈攤破浣溪沙〉之二：「細雨夢回雞塞遠，小樓吹徹玉笙寒。多少淚珠無限恨，倚闌干。」

⑦ 兩度頻繁，一番遲暮，爭似從他本分來：謂曾經花開燦爛，暮年花落，都是自然循環的分定。遲暮：比喻晚年。宋陸游〈夜出偏門還三山〉：「穉子猶讀書，一笑慰遲暮。」爭似：怎似。宋柳永〈清平樂〉：「多情爭似無情。」

⑧青霄客，有留連新句，爲寫芳埃：這些來自朝廷的王公貴族，以新穎的詞
　句，齊聚追和海棠花的芳姿。青霄：喻帝都、朝廷。唐杜甫〈收京〉之二：
　「叨逢罪己日，灑涕望青霄。」埃：灰塵。宋王安石〈兼并〉：「禮義日已
　偷，聖經久湮埃。」

三十三、〈沁園春〉

　　張君周卿①將赴濟南提刑經歷，出示樂府，因其韻以餞之。
　　簿領埃塵，鞍馬風沙，逸才未舒②。但平生豪宕，黃金易散，高懷洒落，
　白璧難汙③。我問行藏，掀髯一笑，意外功名不用圖④。南遊興，愛華峯
　北渚，雲海方壺⑤。　　故園風景非殊。怳六載別來一夢如⑥。想疎篁缺
　處，多應得笋，新松種後，迤漸成株⑦。歸去來兮，東樓南浦，爛醉何妨
　翠袖扶⑧。明年必，記此時休厭，折簡相呼。
　　時周卿猶爲憲掾⑨。

【編年】

　　由「時周卿猶爲憲掾」句，可知張之翰當時仍在監察御史任上。又劉敏
中〈次韻答張周卿御史〉一詩，清文淵閣《四庫全書》本題作「張御史周卿
雪中送詩，以不一相過見責，次韻答之。二十四年正月。」考察劉敏中及張
之翰生卒年，確知元世祖至元二十四年（1287），張之翰仍在御史任上。又，
至元三十一年到元貞元年（1295）間，張之翰由翰林侍講轉松江府尹，故可
約略考定本闋詞之寫作年代約在至元二十四年前後到三十一年間，時年四十
五至五十二。

【校勘】

〔豪宕〕：清文淵閣《四庫全書》本作「豪氣」。
〔難汙〕：元本作「難迂」，清文淵閣《四庫全書》本作「難污」。考其上下文
　意，宜據四庫本改。
〔迤漸〕：清文淵閣《四庫全書》本作「已漸」。
〔**時周卿猶爲憲掾**〕：清文淵閣《四庫全書》本作「時周卿猶爲憲府掾云」。

【箋注】

① 張君周卿：張之翰（1243～1296），字周卿，號西巖，邯鄲人。至元十三年（1276）除眞定路知事，歷監察御史、戶部郎中、翰林侍講，元貞元年（1295）出爲松江府尹，有古循吏風。元貞二年卒，年五十四。有《西巖集》二十卷。

② 簿領埃塵，鞍馬風沙，逸才未舒：官府的文書和鞍馬都沾附著塵土風沙，出眾的才能還未完全舒展。形容奔走赴任時風塵僕僕的樣子。簿領：謂官府記事的簿冊或文書。《後漢書・南匈奴傳》：「當決輕重，口白單于，無文書簿領焉。」逸才：指出眾的才能。宋劉子翬〈晚飲〉：「醉裏揮犀妙，方知有逸才。」

③ 但平生豪宕，黃金易散，高懷洒落，白璧難汙：一生豪放不羈，將錢財視爲身外之物，品格高尚，胸懷灑脫飄逸，如白玉一樣廉潔自愛。豪宕：謂意氣洋溢，器量闊大。《金史・姬汝作傳》：「汝作讀書知義理，性豪宕不拘細行，平日以才量稱。」高懷：大志、高尚的胸懷。唐杜甫〈贈鄭十八賁〉：「高懷見物理，識者安肯哂。」洒落：灑脫飄逸，不受拘束。南朝梁江淹〈齊司徒右長史檀超墓銘〉：「高志洒落，逸氣寂寥。」

④ 我問行藏，掀髯一笑，意外功名不用圖：向你問起出處行止，你卻張口大笑，說意料之外的功名不須去貪求圖謀。行藏：指出處行止。語本《論語・述而》：「用之則行，舍之則藏。」唐岑參〈武威送劉單判官赴安西行營便呈高開府〉：「功業須及時，立身有行藏。」掀髯：笑時啓口張鬚貌。宋蘇軾〈次韻劉景文兄見寄〉：「細看落墨皆松瘦，想見掀髯正鶴孤。」

⑤ 南遊興，愛華峯北渚，雲海方壺：到南方旅行的興致，最愛那華山高峰、北渚亭邊的水涯，還有渺遠處的仙山。北渚：北面的水涯。漢張衡〈南都賦〉：「爾乃撫輕舟兮浮清池，亂北渚兮揭南涯。」雲海：指高遠空闊的境界。唐沈佺期〈答魑魅代書寄家人〉：「何堪萬里外，雲海已溟茫。」方壺：傳說中神山名。一名方丈。《列子・湯問》：「渤海之東，不知幾億萬里，有大壑焉……其中有五山焉：一曰岱輿，二曰員嶠，三曰方壺，四曰瀛洲，五曰蓬萊。」宋辛棄疾〈滿江紅・題冷泉亭〉：「是當年、玉斧削方壺，無人識。」

⑥ 故園風景非殊。恍六載別來一夢如：家鄉的景色並無不同，只是離開了六年，恍如一夢。

⑦ **想疎篁缺處，多應得笋，新松種後，迤漸成株**：假想疏落的竹林空隙裡，
　應當長了新筍；剛種的松樹，也逐漸長成一株。**迤漸**：逐漸。《金史·孫鐸
　傳》：「秋夏稅本色外，盡令折鈔，不拘貫例，農民知之，迤漸重鈔。」

⑧ **歸去來兮，東樓南浦，爛醉何妨翠袖扶**：回去吧，在東邊的樓亭或南面的水
　邊盡情喝酒，就算醉了也有侍女相扶。**歸去來兮**：典引自晉陶潛〈歸去來兮
　辭〉：「歸去來兮，田園將蕪，胡不歸？」**南浦**：南面的水邊。後常用稱送別
　之地。南朝梁江淹〈別賦〉：「春草碧色，春水淥波，送君南浦，傷如之何。」

⑨ **憲掾**：掌刑獄的佐貳官。元揭傒斯〈送族子時益赴南康主簿序〉：「郡太守
　趙公，余亦嘗接言論于朝，好古博雅，賢守也。其佐幕則一君為元僚，一
　君以憲掾起家，廉直明慎，賢佐也。」

三十四、〈水龍吟〉

　　王瓞山①丞旨以賞牡丹〈水龍吟〉見寄，且云：三花脈脈，似怨中庵無
一語者。則知瓞山所居，乃余向者所寓李氏居也。次韻答之。
　　牡丹何可無言，廣平曾有梅花賦②。蹉跎老矣，愁多歡少，花開人去。黃
絹飛來，分明卻見，舊家風度③。是東皇，喚取玉堂仙伯，要長在、花間
住④。　　慙愧相思千里，也看同、去年崔護⑤。詩盟酒伴，吟看醉繞，
應無重數⑥。寂寞江亭，青山不斷，碧雲將暮。對夕陽老樹，悠然北望，
誦天香句⑦。

【校勘】

〔丞旨〕：清文淵閣《四庫全書》本作「承旨」。

〔似怨〕：元本作「侶怨」，清文淵閣《四庫全書》本作「似怨」。考其上下文
　　意，宜據四庫本改。

〔李氏〕：清文淵閣《四庫全書》本無此二字。

〔花開〕：清文淵閣《四庫全書》本作「花間」。

〔東皇〕：清文淵閣《四庫全書》本作「東風」。

〔詩盟〕：清文淵閣《四庫全書》本作「詩朋」。

【編年】

按《元史・王構傳》云：「武宗即位（1308），以纂修國史，趣召赴闕，拜翰林學士承旨，未幾，以疾卒，年六十三。」又元袁桷《清容居士集・翰林承旨王公請諡事狀》云：「至大三年（1310）以疾薨。」劉敏中既以「丞旨」稱之，可知本詞當作於至大元年到三年間，當時劉敏中年六十六至六十八。

【箋注】

① **王瓠山**：王構，字肯堂，東平人。少穎悟，風度凝厚。學問該博，文章典雅，弱冠以詞賦中選，為東平行臺掌書記。至元十一年（1274），授翰林國史院編修官。明年春，次杭州。十三年秋，還，入覲，十四年遷應奉翰林文字，不受，翌年始受，十六年陞修撰。丞相和禮霍孫由翰林學士承旨拜司徒，辟構為司直。歷吏部、禮部郎中，審囚河南，多所平反。二十二年改太常少卿，定親享太廟儀注。二十四年擢江北淮東道提刑按察副使，召見便殿，親授制書，賜上尊酒以遣之。二十七年以治書侍御史召。二十八年有旨出銓選江西。二十九年入翰林，為侍講學士。成宗立，由侍講為學士，纂修實錄，書成，大德二年（1298）參議中書省事。七年以疾歸東平。九年，起為濟南路總管。武宗即位（1308），以纂修國史，趣召赴闕，拜翰林學士承旨，未幾，以疾卒，年六十三。《元史》卷一百六十四、元袁桷〈翰林承旨王公請諡事狀〉、〈祭王瓠山承旨〉有傳。

② **牡丹何可無言，廣平曾有梅花賦**：牡丹花怎麼能沒有人來讚頌呢？唐朝的宋廣平就曾寫下〈梅花賦〉。**廣平曾有梅花賦**：宋璟（663～737），字廣平，唐南和人。玄宗時的名相。耿介有節，守法持正，與姚崇並稱為唐代賢相。累封至廣平郡公，進尚書右丞。性喜梅花，所作〈梅花賦〉，世所稱譽。卒諡文貞。

③ **黃絹飛來，分明卻見，舊家風度**：王瓠山寄來〈水龍吟〉，從中清楚可見過往美好的風采儀態。**風度**：風采儀態。《後漢書・竇融傳論》：「嘗獨詳味此子之風度，雖經國之術無足多談，而進退之禮良可言矣。」

④ **是東皇，喚取玉堂仙伯，要長在、花間住**：春神將宮殿裡的神仙全派到花間居住。**東皇**：指司春之神。宋姜夔〈卜算子・梅花八詠〉：「長信昨來看，

憶共東皇醉。此述婆娑一惘然，苔蘚生春意。」玉堂：此處雙關其意，一
指神仙的居處。晉庾闡〈遊仙詩〉：「神嶽竦丹霄，玉堂臨雪嶺。」亦作官
署名，因宋以後稱翰林院為「玉堂」。仙伯：仙人之長。泛稱仙人。宋范成
大〈題金牛洞〉：「自從仙伯弭芝蓋，鳳舞鸞歌開洞天。」

⑤慙愧相思千里，也看同、去年崔護：唐人崔護於清明日獨遊長安城南，在
一人家邂逅一位女子。第二年的清明日，崔護想起這段往事，又再次造訪
那戶人家，卻見大門深鎖，因此在門上題詩曰：「去年今日此門中，人面桃
花相映紅。人面只今何處去，桃花依舊笑春風。」典出唐孟棨《本事詩‧
情感》。後以比喻男子思念的意中人或與意中人無緣再相見。

⑥詩盟酒伴，吟看醉繞，應無重數：和朋友們吟詩喝酒聚會，一邊吟詩，一
邊左看右繞欣賞牡丹。詩盟：詩人的盟會。宋蘇軾〈答仲屯田次韻〉：「秋
來不見渼陂岑，千里詩盟忽重尋。」

⑦對夕陽老樹，悠然北望，誦天香句：面對著夕陽老樹，閒適望向北方，吟
誦牡丹花香。天香：芳香的美稱。此指牡丹花香。宋蘇軾〈雨中花〉：「有
國豔帶酒，天香染袂，為我留連。」

三十五、〈水龍吟〉

陽丘南逾五里，余別墅在焉。地方僅二畝，南西北皆巨溝，崖壁嶄絕。
下為通達①，人由其中，東垂蔽古藤，晦密尤峻②。繡江遠來觸巽隅，刮足而
北，餘流復西，漸達於坤維③，周覽上下，巋臺宛然④，因取淵明語，命之曰
「賦詩之臺」⑤。南偏少東尤高敞，東向為小亭，軒戶始開，而長白湖山諸峯
林壑，奔躍來見，明姿晦態，與繡江相表裏。復取謝靈運語，命之曰「含暉
之亭」⑥。亭之築，實至元辛卯前重陽一日也。戲作樂府〈水龍吟〉一首，書
於壁，以識其始，且以為老子醉後浩歌之資云。

乾坤遺此方臺，賦詩名字從吾起。十分高處，更宜著箇，含暉亭子。無
數青山，一時為我，飛來窗裏。渺浮天玉雪，江流忽轉，風雨在、寒藤
底⑦。　　嘗試登臨其上，把閒愁、古今都洗。長空澹澹，無言目送，飛
鴻千里⑧。看取明年，四圍松菊，一番桃李。放籃輿杖屨，醒來醉往，自
今朝始⑨。

【編年】

由「至元辛卯」句，知含暉亭築於元世祖至元二十八年（1291），故其題詞約當此時或稍後，時年四十九。

【箋注】

① **崖壁嶄絕。下爲通達**：山崖十分陡峭突出，下方是通達的道路。崖壁：山崖的陡立面。唐杜甫〈鄭典設自施州歸〉：「孟冬方首路，強飯取崖壁。」嶄：高峻、突出。唐韓愈〈柳子厚墓誌銘〉：「逮其父時，雖少年，已自成人，能取進士第，嶄然見頭角。」通達：猶通途。南朝宋謝靈運〈君子有所行〉：「密親麗華苑，軒甍擁通達。」

② **東垂蔽古藤，晦密尤峻**：東邊有許多古藤遮垂住通道，更顯得高峻隱密。晦密：秘藏不露。五代王定保《唐摭言·爲鄉人輕視而得者》：「鄉人汪遵者，幼爲小吏……然善爲歌詩，而深晦密。」

③ **繡江遠來觸巽隅，刮足而北，餘流復西，漸達於坤維**：繡江的東南邊，再往北去，河流都往西邊匯聚，逐漸到達西南方。巽隅：指東南角。金元好問《續夷堅志·楊洞微》：「是時十月，庵旁近葵花榮茂。洞微云：『於文章癸爲葵，此殆水徵也。』與眾道士行尋之，見巽隅草樹間，隱隱有微潤，掘之果得泉。」坤維：指西南方。因《易·坤》有「西南得朋」之語，故以坤指西南。宋范仲淹〈宋故乾州刺史張公神道碑〉：「初蜀師之役，中軍雲侯有終，辟公以行，如左右手。平定坤維，公有力焉。」

④ **周覽上下，歸臺宛然**：遍覽上下，小山清楚地叢聚在眼前。周覽：遍覽、巡視。戰國楚宋玉〈登徒子好色賦〉：「臣少曾遠遊，周覽九土，足歷五都。」歸：小山叢聚羅列。《爾雅·釋山》：「小而眾，歸。」宛然：眞切貌、清晰貌。唐李肇《唐國史補》卷上：「山川宛然，原野未改。」

⑤ **因取淵明語，命之曰「賦詩之臺」**：語見晉陶潛〈歸去來兮辭〉：「登東皋以舒嘯，臨清流而賦詩。」

⑥ **復取謝靈運語，命之曰「含暉之亭」**：語見南朝宋謝靈運〈石壁精舍還湖中作〉：「昏旦變氣候，山水含清暉。清暉能娛人，遊子憺忘歸。」

⑦ **渺浮天玉雪，江流忽轉，風雨在、寒藤底**：渺遠瑩白的水浪不斷沖激，聲勢壯大，忽而捲起狂風，下起大雨，打在枯藤上。浮天：海水將天幕

浮漂在上，比喻聲勢盛大。唐錢起〈送僧歸日本〉：「浮天滄海遠，去世法舟輕。」**寒藤**：枯藤。北周庾信〈奉報窮秋寄隱士〉：「秋水牽沙落，寒藤抱樹疎。」

⑧**長空澹澹，無言目送，飛鴻千里**：天空遼闊廣漠，不多說什麼，只以目光相送飛鳥千里遠去。**澹澹**：廣漠貌。唐杜牧〈登樂遊原〉：「長空澹澹孤鳥沒，萬古銷沉向此中。」

⑨**放籃輿杖屨，醒來醉往，自今朝始**：決定從今以後，不坐車轎而拄杖漫步，醒的時候歸來，酒醉時前往。**籃輿**：古代供人乘坐的交通工具，形制不一，一般以人力抬著行走，類似後世的轎子。《晉書·孝友傳·孫晷》：「富春車道既少，動經江川，父難於風波，每行乘籃輿，晷躬自扶持。」**杖屨**：手杖與鞋子。此指拄杖漫步。唐杜甫〈祠南夕望〉：「興來猶杖屨，目斷更雲沙。」

三十六、〈水龍吟〉　　次韻答馬觀復左司①九日

二豪侍側何知，舉頭一幕青天大②。歸盤樂矣，丁寧更說，閒居粉黛③。我見沙鷗，蓋嘗有問，無言意對。道試看自古，忘機未了，空無益、又遺害④。　　萬事宜須自得，笑衰翁、幾時方會⑤。今朝重九，西風杖屨，一番輕快⑥。滿地黃花，清泉酌醴，新詩嚼膾⑦。若東籬老子，能來共此樂，吾當拜。

【編年】

元虞集〈戶部尚書馬公墓碑〉云：「大德三年（1299），拜戶部侍郎。四年，遷中書左司郎中。六年，出守濟寧。」本詞作於馬觀復左司任上，故寫作時間當在大德四年至六年間，當時劉敏中年在五十八至六十歲間。

【箋注】

①**馬觀復左司**：馬煦（1244～1316），字德昌（得昌），自號觀復道人，磁州滏陽人。至元初補大司農史，轉辟御史臺掾。十五年（1278），拜行臺監察御史，秩滿，僉江南提刑按察事。二十二年，除荊湖行省員外郎，改廬州路同知。二十六年，除江淮行省理問官。二十八年。除江西行省郎中。元

貞元年（1295），改山南廉訪副使。二年，行泉府卿。大德三年（1299）累官戶部侍郎，四年遷中書左司郎中，六年出守濟寧，至大元年（1308）移守湖州，三年召拜刑部尚書。延祐三年（1316）以戶部尚書致仕，是年卒，年七十三。入官四十年，凡十四遷，自奉議大夫，至正議大夫八進秩，治績之著，不可勝紀。

② **二豪侍側何知，舉頭一幕青天大**：陪侍左右的豪傑之士，抬頭看廣闊遼遠的青天。二豪：兩位豪傑之士。指宋王禹偁和蘇軾。宋王十朋〈望黃州〉：「忽見江上山，人言是黃州。懷人望雪堂，讀記思竹樓。二豪不復見，大江自東流。」侍側：陪侍左右。《論語・先進》：「閔子侍側，誾誾如也。」

③ **歸盤樂矣，丁寧更說，閒居粉黛**：傳達的消息裡，充滿了歸鄉隱居之樂，居家安寧閒靜，可以悠閒妝飾。這裡化用了唐韓愈〈送李愿歸盤谷序〉：「清聲而便體、秀外而惠中，飄輕裾，翳長袖，粉白黛綠者，列屋而閑居，妒寵而負恃，爭妍而取憐。……嗟盤之樂兮，樂且無殃。」盤樂：遊樂、娛樂。南朝宋鮑照〈河清頌〉：「讌無留飲，畋不盤樂。」粉黛：傅面的白粉和畫眉的黛墨，均爲化妝用品。後蜀顧夐〈虞美人〉：「曉幃初捲冷煙濃，翠匀粉黛好儀容，思嬌慵。」

④ **道試看自古，忘機未了，空無益、又遺害**：試著回想自古以來，充滿巧詐之心者，不但沒有任何好處，反而留下禍害。忘機：消除機巧之心。常用以指甘於淡泊，與世無爭。宋司馬光〈花庵獨坐〉：「忘機林鳥下，極目塞鴻過，爲問市朝客，紅塵深幾何？」

⑤ **萬事宜須自得，笑衰翁、幾時方會**：凡事應該要自己體會，笑老翁什麼時候才能領會其中深意。自得：自己有心得體會。《孟子・離婁下》：「君子深造之以道，欲其自得之也。自得之則居之安，居之安則資之深，資之深則取之左右逢其原，故君子欲其自得之也。」

⑥ **今朝重九，西風杖屨，一番輕快**：今日正逢九九重陽，當著秋風，穿著草鞋，拄著枴杖，輕鬆上山去。輕快：謂行動不費力。宋周密《癸辛雜識前集・胎息》：「試行二十日，精神便不同，覺臍下實熱，腰腳輕快，面目有光。」

⑦ **滿地黃花，清泉酌醴，新詩嚼膾**：在滿地菊花的環境裡，有清澈乾淨的泉水，可以喝幾杯美酒，寫幾首詩，大塊吃肉。酌醴：酌酒。《詩經・小雅・吉日》：「發彼小豝，殪此大兕。以御賓客，且以酌醴。」

三十七、〈水龍吟〉

　　馬觀復左司以九日〈水龍吟〉韻賦神麤峰邀和，復和之。神麤峰，渠家几硯①間小石也。觀復家廣平地有神麤山，因以命石。

　　物齊各自逍遙，何知鷃小鯤鵬大②。乾坤太華，神麤相望，兩眉爭黛③。元氣遺形，幽人良友，朝看夕對④。儘共工怒觸⑤，巨靈善擘⑥，眾山碎、未吾害。　　借問此峯誰得，羨白眉、故家文會⑦。蕭然丈室眼明，更比尋常寬快⑧。長與安排，名香細茗，芳醪鮮膾⑨。恐不時、便有打門狂客，設元章拜⑩。

【編年】

　　虞集〈戶部尚書馬公墓碑〉云：「大德三年（1299），拜戶部侍郎。四年，遷中書左司郎中。六年，出守濟寧。」本詞作於馬觀復左司任上，故寫作時間當在大德四年至六年間，當時劉敏中年在五十八至六十歲間。

【箋注】

① 几硯：几案和硯臺。宋蘇軾〈雨中過舒教授〉：「窗扉靜無塵，几硯寒生霧。」

② 物齊各自逍遙，何知鷃小鯤鵬大：春秋戰國時老莊學派的齊物、逍遙思想。語本《莊子・逍遙遊》：「北冥有魚，其名為鯤。鯤之大，不知其幾千里也。化而為鳥，其名為鵬。鵬之背，不知其幾千里也。怒而飛，其翼若垂天之雲。是鳥也，海運則將徙於南冥。南冥者，天池也。」莊子認為萬物自適判準難定，都應同等看待，終而肯定一切人與物的獨特意義及其價值。並主張萬物各任其性，不受外物所累，即可逍遙自在，到達神人、至人的境界。

③ 乾坤太華，神麤相望，兩眉爭黛：天地間的華山，和神麤峰對望，有如婦女比美。太華：即西岳華山，在陝西省華陰縣南，因其西有少華山，故稱太華。《尚書・禹貢》：「西傾、朱圉、鳥鼠，至於太華。」神麤：元虞集〈戶部尚書馬公墓碑〉：「太行之麓有神麤山者，泉石幽勝，公既歸，遂日與門生羽人息游其間，不以富貴往事介意，其所存，固非人所盡知者矣。」

④ 元氣遺形，幽人良友，朝看夕對：宇宙自然之氣所合成的形貌，讓隱士和情誼深厚的朋友，得以朝夕欣賞。遺形：指遺留下來的形貌、形體。金元好問〈大室同希顏賦〉：「壯哉崧維岳，盤盤上窈冥。中天瞻巨鎮，元氣有

－227－

遺形。」

⑤ **共工怒觸**：古代傳說中的天神共工，與顓頊爭爲帝，有頭觸不周山的故事。典見漢淮南王劉安《淮南子‧天文訓》：「昔者共工與顓頊爭爲帝，怒而觸不周之山，天柱折，地維絕。天傾西北，故日月星辰移焉；地不滿東南，故水潦塵埃歸焉。」

⑥ **巨靈善擘**：神話傳說中劈開華山的河神。漢張衡〈西京賦〉：「漢氏初都，在渭之涘。秦里其朔，寔爲咸陽。左有崤函重險，桃林之塞。綴以二華，巨靈贔屓，高掌遠蹠，以流河曲，厥跡猶存。」三國吳薛綜注：「華，山名也。巨靈，河神也。巨，大也。古語云：『此本一山，當河水過之而曲行，河之神以手擘開其上，足蹋離其下，中分爲二，以通河流。手足之跡，于今尙在。』」

⑦ **羨白眉、故家文會**：羨慕三國馬良和文人雅士們飲酒賦詩的生活。白眉：原指三國時馬良，其眉中有白毛，故稱爲「白眉」。典見《三國志‧蜀志‧馬良傳》：「馬良字季常，襄陽宜城人也。兄弟五人，並有才名，鄉里爲之諺曰：『馬氏五常，白眉最良。』良眉中有白毛，故以稱之。」後稱眾人中較優秀傑出的人才。唐陳子昂〈合州津口別舍弟〉：「思積芳庭樹，心斷白眉人。」故家：世家大族、世代仕宦之家。《孟子‧公孫丑上》：「紂之去武丁，未久也。其故家遺俗，流風善政，猶有存者。」文會：文士飲酒賦詩或切磋學問的聚會。唐楊炯〈晦日藥園詩序〉：「請諸文會之遊，共紀當年之事。」

⑧ **蕭然丈室眼明，更比尋常寬快**：空寂的小房間清楚明亮，比平常看來更舒適。蕭然：空寂、蕭條。晉陶潛〈五柳先生傳〉：「環堵蕭然，不蔽風日。」丈室：猶斗室。言房間狹小。唐白居易〈秋居書懷〉：「何須廣居處，不用多積蓄。丈室可容身，斗儲可充腹。」寬快：舒暢、舒適。《元朝秘史》卷十二：「惟合撒兒將我這二乳都吃了，使我胸中寬快。」

⑨ **長與安排，名香細茗，芳醪鮮膾**：準備好香茶美酒和新鮮的下酒菜。芳醪：美酒。晉袁嶠之〈蘭亭〉之二：「激水流芳醪，豁爾累心散。」

⑩ **恐不時、便有打門狂客，設元章拜**：恐怕時時有放蕩不羈的客人，奉上米芾的作品。打門：叩門、敲門。唐盧仝〈走筆謝孟諫議寄新茶〉：「日高丈五睡正濃，軍將打門驚周公。」元章：米芾（1051～1107），字元章，號海嶽外史，又號鹿門居士。宋襄陽人，世稱爲「米襄陽」。倜儻不羈，舉止顚

狂，故世稱爲「米顛」。爲文奇險，妙於翰墨，畫山水人物，亦自成一家，愛金石古器，尤愛奇山，世有元章拜石之語。官至禮部員外郎，或稱爲「米南宮」。著有《寶晉英光集》、《書史》、《畫史》、《硯史》等書。

三十八、〈水龍吟〉　　同張大經御史賦牡丹

春風一尺紅雲，粉蕤金粟重重起①。天香國色，宜教占斷，人間富貴②。最喜風流，粧臺卯酒③，欲醒還醉。算年年歲歲，花開依舊，問當日、人何似。　　休說花開花謝，怕傷它、老來情味。依稀病眼，故應猶識，舊家姚魏④。無語相看，一杯獨酌，幽懷如水⑤。料多情、笑我蒼顏白髮，向風塵底。

【箋注】

① 春風一尺紅雲，粉蕤金粟重重起：春風吹拂著一大片紅牡丹，嬌嫩的花朵、金色的花蕊，層層搖曳生姿。紅雲：喻大片紅花。唐韓愈〈酬盧給事曲江荷花行〉：「曲江千頃秋波淨，平鋪紅雲蓋明鏡。」蕤：泛指草木所垂結的花。晉陸機〈文賦〉：「播芳蕤之馥馥，發青條之森森。」金粟：黃色花蕊。宋梅堯臣〈梅花〉：「墜蕚誰將呵在鬢，蕊殘金粟上眉蟲。」

② 天香國色，宜教占斷，人間富貴：牡丹之色香非他花可比，應該佔盡了人間的顯貴富裕。占斷：全部佔有、占盡。唐吳融〈杏花〉：「粉薄紅輕掩斂羞，花中占斷得風流。」

③ 卯酒：早晨喝的酒。唐白居易〈醉吟〉：「耳底齋鐘初過後，心頭卯酒未消時。」

④ 依稀病眼，故應猶識，舊家姚魏：老眼昏花，應該認得這是從前種的牡丹。依稀：隱約、不清晰。南朝宋謝靈運〈行田登海口盤嶼山〉：「依稀採菱歌，彷彿含嚬容。」姚魏：「姚黃魏紫」的省稱。泛指牡丹花。宋辛棄疾〈柳梢青‧和范先之席上賦牡丹〉：「姚魏名流，年年攬斷。雨恨風愁。」

⑤ 無語相看，一杯獨酌，幽懷如水：安靜地欣賞牡丹，一邊飲酒，我藏在內心的情感如水般蕩漾。幽懷：隱藏在內心的情感。唐皇甫枚《三水小牘‧步飛煙》：「兼題短葉，用寄幽懷。」

三十九、〈水龍吟〉　次韻賦牡丹

曉來露濕仙衣，盛開更比初開重。春風也惜，頩然薄怒，不堪搖動①。天上人間，我許唯有，司花會種②。想年年京洛，紅塵紫陌，都占斷、繁華夢③。　　醉裏依稀有語，只清詩、可為光寵④。有香萬斛，從今准備，公來迎送。風雨難憑，綵雲回首，總成無用。喚玉壺、留取一枝春在，作中庵供。

【校勘】

〔次韻賦牡丹〕：清文淵閣《四庫全書》本題作「又次韻」。

〔仙衣〕：清文淵閣《四庫全書》本作「仙常」。

〔頩然〕：清文淵閣《四庫全書》本作「頒然」。

〔我許唯有〕：清文淵閣《四庫全書》本作「我評唯有」。

〔清詩〕：清文淵閣《四庫全書》本作「清辭」。

【箋注】

① 春風也惜，頩然薄怒，不堪搖動：此處化用宋蘇軾〈和陶詩一百二十首・和胡西曹示顧賊曹〉：「頩然疑薄怒，沃盥未可揮。」意謂春風也愛惜牡丹清高脫俗、不容侵犯的品格，但它卻承受不住搖落。頩：憤怒變色貌。典出戰國宋玉〈神女賦〉：「頩薄怒以自持兮，曾不可乎犯干。」寫巫山神女不可干犯的微怒姿態，表現其矜持守禮。

② 天上人間，我許唯有，司花會種：天上和人間，我想只有管理百花的女神能夠照料種植。司花：「司花女」的省稱。指管理百花的女神。典見唐顏師古《隨遺錄》卷上：「長安貢御車女袁寶兒，年十五，腰枝纖墮，騃冶多態。帝寵愛之特厚。時洛陽進合蒂迎輦花……帝命寶兒持之，號曰司花女。」金元好問〈紫牡丹〉之一：「如何借得司花手，徧與人間作好春。」

③ 想年年京洛，紅塵紫陌，都占斷、繁華夢：想起每年的京都，都在條條路上占盡繁盛美好的夢。京洛：泛指國都。唐張說〈應制奉和〉：「總為朝廷巡幸去，頓教京洛少光輝。」紫陌：指京師郊野的道路。漢王粲〈羽獵賦〉：「濟漳浦而橫陣，倚紫陌而竝征。」

④ 醉裏依稀有語，只清詩、可為光寵：酒醉之中隱約有了靈感，只有清新的

詩篇可用來讚詠牡丹。**清詩**：清新的詩篇。晉傅咸〈贈崔伏二郎〉：「人之好我，贈我清詩。」**光寵**：恩典、寵幸。《後漢書·賈復傳》：「時鄧太后臨朝，光寵最盛。」

四十、〈摸魚兒〉　　觀復以〈摸魚子·賦神䲵〉見示，次韻答之

莫相疑、愛石如許，流形我亦隨寓①。神䲵更有神䲵在，照影幾煩清滏②。山下路。還記得、當時射虎人曾誤③。如今文府④。但日永閒階，香凝燕寢，雲岫翳還吐⑤。　　崔嵬起，欲作飛仙騫翥⑥。依稀老眼如霧。品題好刻奇章字，嗟爾賞音難遇⑦。如砥柱。應笑我，心更欲誰安住⑧。茶餘客去。相對靜無言，悠然意會，一陣北窗雨。

【箋注】

① **莫相疑、愛石如許，流形我亦隨寓**：不要懷疑，我就是這麼喜愛石頭。包括我在內，世間萬物都會變化並寄託在各種形體上。**如許**：如此、這樣。宋范成大〈盤龍驛〉：「行路如許難，誰能不華髮。」**流形**：萬物運動變化的各種形體。宋文天祥〈正氣歌〉：「天地有正氣，雜然賦流形。」

② **神䲵更有神䲵在，照影幾煩清滏**：形容神䲵山的影子映照在清澈的滏水裡。**神䲵**：為馬觀復家中几硯間小石名，其命名來自《山海經》中的神䲵山。**滏**：水名，即今滏陽河，在河北省西南部。《山海經·北山經》：「又北三百里，曰神䲵之山，其上有文石，其下有白蛇，有飛蟲。黃水出焉，而東流注于洹，滏水出焉，而東流注于歐水。」晉左思〈魏都賦〉：「北臨漳滏，則冬夏異沼。」

③ **還記得、當時射虎人曾誤**：西漢名將李廣，在藍田南山射獵，將草中石頭誤為老虎而射，竟一箭射入石中。後又多次射殺猛虎。典見《史記·李將軍列傳》：「廣出獵，見草中石，以為虎而射之，中石沒鏃，視之石也。因復更射之，終不能復入石矣。廣所居郡聞有虎，嘗自射之。及居右北平射虎，虎騰傷廣，廣亦竟射殺之。」

④ **文府**：文章的府庫，指收藏圖書的地方。南朝梁沈約〈到著作省謝表〉：「珥筆史觀，記言文府。」

⑤但日永閒階，香凝燕寢，雲岫鬖還吐：白晝漫長，階梯上一片靜寂。居處飄散著馨香，窗外雲霧不時繚繞著峰巒。日永：指夏天白晝長。唐韋應物〈立夏日憶京師諸弟〉：「改序念芳辰，煩襟倦日永。」燕寢：泛指閒居之處。北齊顏之推《顏氏家訓‧勉學》：「夫聖人之書，所以設教，但明練經文，粗通注義，常使言行有得，亦足為人，何必『仲尼居』即須兩紙疏義，燕寢講堂，亦復何在？」雲岫：語本晉陶潛〈歸去來辭〉：「雲無心以出岫。」指雲霧繚繞的峰巒。宋辛棄疾〈行香子‧雲岩道中〉：「雲岫如簪，野漲挼藍。」

⑥崔嵬起，欲作飛仙騫翥：高聳的山峰，看起來像是仙人想要高飛舉起的樣子。崔嵬：本指有石的土山。後泛指高山。宋辛棄疾〈沁園春‧有美人兮〉：「覺來西望崔嵬，更上有青楓下有溪。」騫翥：飛舉貌。南朝宋范泰〈贈袁湛謝混〉：「亦有後出雋，離羣盡騫翥。」

⑦品題好刻奇章字，嗟爾賞音難遇：喜歡品評話題，雕刻奇異的章句字，感嘆難以遇見知音。品題：品評的話題、內容。《後漢書‧許劭傳》：「初，劭與靖俱有高名，好共覈論鄉黨人物，每月輒更其品題，故汝南俗有『月旦評』焉。」賞音：知音。金段成己〈望月婆羅門引〉：「風流已置，撫遺編，三歎賞音稀。」

⑧應笑我，心更欲誰安住：應會笑我，心裡更想要誰來住下。安住：住宿、居住。元白樸《東牆記‧楔子》：「生云：『……敢問公公，有房舍借一間小生借居，待來春赴試。』淨云：『足下既要安住，老夫有一小頑，名曰山壽，就托足下教訓攻書。』」

四十一、〈摸魚兒〉　　九日上都次韻答邢伯才

　　嘆萍蓬、此生無定，年年客裏重九①。南來北去風沙夢，彈指已成白首②。誰有酒。都喚起、一天秋色開林藪③。還開笑口。對滿意青山，多情黃菊，莫唱渭城柳④。　　龍鍾態，也向人前叉手。思量難以持久。東塗西抹皆傾國，只有效顰人醜⑤。嗟汝叟。今誤矣，江亭好去藏衰朽⑥。鳴雞吠狗⑦。盡里社追隨，何須更說，鼻醋吸三斗⑧。

【箋注】

①嘆萍蓬、此生無定，年年客裏重九：感嘆一生漂泊無定，年年在外度過重

陽。萍蓬：萍浮蓬飄。喻行蹤轉徙無定。唐杜甫〈將別巫峽贈南卿兄瀼西果園四十畝〉：「苔竹素所好，萍蓬無定居。」

② 南來北去風沙夢，彈指已成白首：南北奔波，如被風捲起的沙土，一下子便年華老去。彈指：捻彈手指作聲。佛家多以喻時間短暫。唐王維〈六祖能禪師碑銘〉：「飯食訖而敷坐，沐浴畢而更衣，彈指不流，水流燈焰，金身永謝，薪盡火滅。」

③ 都喚起、一天秋色開林藪：都喚來一天草木茂盛的秋日氣象。林藪：山林與澤藪。指草木茂盛的地方。晉左思〈魏都賦〉：「隰壤瀸漏而沮洳，林藪石留而蕪穢。」

④ 對滿意青山，多情黃菊，莫唱渭城柳：面對著充滿情意的青山和黃菊，不要再唱傷別的〈渭城曲〉了。

⑤ 東塗西抹皆傾國，只有效顰人醜：典見《莊子・天運》：「故西施病心而矉其里，其里之醜人見之而美之，歸亦捧心而矉其里。其里之富人見之，堅閉門而不出，貧人見之，挈妻子而去走。彼知矉美而不知矉之所以美。」此謂不善模仿反而弄巧成拙，做自己最好。

⑥ 今誤矣，江亭好去藏衰朽：而今已錯踏人生路，還是趕快回到江亭隱居，隱藏自己的老邁無能吧。衰朽：老邁無能。唐王維〈同崔員外秋宵寓直〉：「更慚衰朽質，南陌共鳴珂。」

⑦ 鳴雞吠狗：形容鄉野田舍人群聚居的情景。語出《孟子・公孫丑上》：「雞鳴狗吠相聞，而達乎四境，而齊有其民矣。」

⑧ 盡里社追隨，何須更說，鼻醋吸三斗：任憑鄉里跟隨，何必多說什麼，就吸三斗醋吧。里社：借指鄉里。元麻革〈王子壽鄉友生朝〉：「講學詩書義，論交里社情。」鼻醋吸三斗：指令人難食之物。典見《北史・崔弘度傳》：「時有屈突蓋為武侯車騎，亦嚴刻。長安為之語曰：『寧飲三斗醋，不見崔弘度。』」

四十二、〈水調歌頭〉

長蘆商子文伯父元鼐國寶，年九十三，父元鼒國用，年八十五，叔父元鼎國器，年八十二，扁其堂曰「三椿」，以兄弟三人皆壽而言也①。閻承旨②序之甚詳。子文為般陽路③知事，來徵言，書此詞以遺之。

五福一曰壽，七十古來稀④。鯨川兄弟何事，接武上期頤⑤。添是商顏四皓，減即西周二老，白鶴一行飛⑥。紳臂闔墻者，何地望餘輝⑦。　世皆云，家積善，慶相隨。三椿堂上，陰德幾許只天知。子弟聯芳並秀，戲綵稱觴先後，和氣藹春熙⑧。本大枝葉茂，門戶看巍巍⑨。

【編年】

「閻承旨序之甚詳」一句，按《元史・閻復傳》載，其在元成宗大德四年（1300）拜翰林學士承旨，大德十一年進階榮祿大夫，遙授平章政事。故其作序時間約在大德四年至十一年間，劉敏中詞亦當成於此時，年五十八至六十五。

【箋注】

①**長蘆商子文……以兄弟三人皆壽而言也**：長蘆在今天津市海河口附近，東臨渤海灣，以生產海鹽聞名。鹽商子文之父、叔、伯三人因年逾八十，命其堂爲「三椿堂」，取其長壽之意。**扁**：在門戶上題字。《後漢書・百官志五》：「皆扁表其門，以興善行。」

②**閻承旨**：閻復（1236～1312），字子靜，號靜軒，又號靜齋、靜山，高唐人。早以文學名，至元十六年（1279）累遷翰林直學士，進侍講，二十三年陞翰林學士，二十八年出爲浙西廉訪使，坐事罷職。成宗立，召爲集賢學士，改翰林學士，大德四年（1300）拜翰林承旨，十一年請老歸。皇慶元年（1312）卒，年七十七。謚文康。有《靜軒集》六卷。**承旨**：官名。唐代翰林院有翰林學士承旨，位在諸學士上。凡大誥令、大廢置、重要政事，皆得專對。宋元仍其制，明廢。

③**般陽路**：即般陽府路，隸屬中書省。

④**五福一曰壽，七十古來稀**：前句引用《尚書・洪範》：「五福：一曰壽，二曰富，三曰康寧，四曰攸好德，五曰考終命。」後句化用唐杜甫〈曲江〉之二：「酒債尋常行處有，人生七十古來稀。」言元鼐兄弟三人皆過七十，有長壽之福。

⑤**接武上期頤**：一個接一個步入百歲。**接武**：步履相接，前後相接、繼承。南朝梁劉勰《文心雕龍・物色》：「古來辭人，異代接武，莫不參伍以相變，因革以爲功。」**期頤**：一百歲。語本《禮記・曲禮上》：「百年曰期、頤。」

唐李華〈四皓銘〉：「抱和全默，皆享期頤。」

⑥ **添是商顏四皓，減即西周二老，白鶴一行飛**：多一個就能組成商山四皓，少一個就變成西周二老，有如一行白鶴齊飛。形容三兄弟皆老而有德。**商顏四皓**：指秦末隱居商山的東園公、甪里先生、綺里季、夏黃公。四人鬚眉皆白，故稱商山四皓。高祖召，不應。後高祖欲廢太子，呂后用張良計，迎四皓，使輔太子，高祖以太子羽翼已成，乃消除改立太子之意。事見《史記・留侯世家》、《漢書・張良傳》。**西周二老**：指伯夷、叔齊，殷末孤竹君的二個兒子。伯夷，名元，字公信。叔齊，名智，字公達。相傳其父遺命要立次子叔齊為繼承人。叔齊讓位給伯夷，伯夷不受，叔齊也不願登位，先後都逃到周國。周武王伐紂，二人叩馬諫阻。及殷亡，恥食周粟，隱於首陽山，采薇而食，遂餓死。事見《史記・伯夷列傳》。

⑦ **紾臂鬩牆者，何地望餘輝**：那些兄弟失和的家庭，要如何瞻仰前人的風範。**紾臂**：語本《孟子・告子下》：「紾兄之臂而奪之食。」後指用力扭轉手臂。宋・余靖〈和王子元中秋會飲〉：「高人洗耳讓天下，下士紾臂爭杯羹。」**鬩牆**：語本《詩經・小雅・常棣》：「兄弟鬩於牆，外禦其務。」比喻兄弟相爭于內。**餘輝**：前人留下來的光輝風範。三國魏嵇康〈琴賦〉：「寤時俗之多累，仰箕山之餘輝。」

⑧ **子弟聯芳並秀，戲綵稱觴先後，和氣藹春熙**：優秀的後輩們齊聚一堂，先後舉杯祝壽，表示孝敬，氣氛和樂融融。**稱觴**：舉杯祝酒。唐馬懷素〈餞唐永昌〉：「聞君出宰洛陽隅，賓友稱觴餞路衢。」**春熙**：溫和歡樂貌。宋歐陽修〈南獠〉：「狂孽久不聳，民物含春熙。」

⑨ **本大枝葉茂，門戶看巍巍**：根本粗大穩固，枝葉茂密，這個家族是如此崇高偉大。**巍巍**：崇高偉大。《論語・泰伯》：「巍巍乎！舜禹之有天下也而不與焉。」

四十三、〈水調歌頭〉　戊辰年，壽烏總管

朱門藹麟鳳，畫戟映貂蟬①。重侯累將家世，更覺使君賢②。皎皎秋霜懷抱，隱隱春風眉宇，形出性中天③。袖手吏民喜，曾未試蒲鞭④。　　沸鳴絃，歌五袴，已三年⑤。年來歷城城郭，天也怪春偏。會見九重丹詔，

收取一方霖雨，勳業迫凌煙⑥。富貴與難老，真作地行仙⑦。

【編年】

按戊辰年即元世祖至元五年（1268），時年二十六。

【箋注】

①朱門藹麟鳳，畫戟映貂蟬：豪貴人家的紅色大門上佈滿了麟鳳圖，官帽上也裝飾著貂尾和附蟬。朱門：紅漆大門。指貴族豪富之家。唐杜甫〈自京赴奉先縣詠懷五百字〉：「朱門酒肉臭，路有凍死骨。」麟鳳：麒麟和鳳凰。比喻才智出眾的人。宋蘇軾〈司馬溫公神道碑〉：「公如麟鳳，不鷙不搏。」畫戟：舊時常作為儀飾之用。宋蘇軾〈次韻韶守狄大夫見贈〉之二：「森森畫戟擁朱輪，坐詠梁公覺有神。」

②重侯累將家世，更覺使君賢：家族世代顯貴，而烏總管更是此中賢能拔萃者。重侯：謂世代顯貴。漢崔駰〈與竇憲書〉：「重侯累將，建天樞，執斗柄。」使君：尊稱州郡長官。唐張籍〈蘇州江岸劉別樂天〉：「莫忘使君吟詠處，汝墳湖北武丘西。」

③皎皎秋霜懷抱，隱隱春風眉宇，形出性中天：擁有高潔如秋霜的心懷，容貌隱約透露著喜悅，形貌特出，性情開闊。懷抱：心懷、心意。唐杜甫〈遣興〉之三：「有子賢與愚，何其掛懷抱。」中天：猶參天。漢班固〈西都賦〉：「樹中天之華闕，豐冠山之朱堂。」

④袖手吏民喜，曾未試蒲鞭：形容官吏無為而治，刑罰寬厚，受到百姓愛戴。袖手：藏手于袖。表示閑逸的神態。唐韓愈〈石鼎聯句序〉：「道士啞然笑曰：『子詩如是而已乎？』即袖手聳肩，倚北牆坐。」蒲鞭：以蒲草為鞭。常用以表示刑罰寬仁。唐李白〈贈清漳明府姪聿〉：「蒲鞭挂簷枝，示恥無撲抶。」

⑤沸鳴絃，歌五袴，已三年：這三年來，治政有道，百姓安居樂業。鳴絃：亦作「鳴弦」。《論語・陽貨》：「子在武城，聞弦歌之聲。」原謂子游以禮樂為教，故邑人皆弦歌。後以「鳴弦」泛指官吏治政有道，百姓生活安樂。宋曾鞏〈送韓玉汝使兩浙〉：「使傳東馳下九天，此邦曾屈試鳴弦。」五袴：亦作「五絝」。《後漢書・廉范傳》：「建初中，遷蜀郡太守，其俗尚文辯，好相持短長，范每屬以淳厚，不受偷薄之說。成都民物豐盛，邑宇逼側，舊制禁民夜作，以防火災，而更相隱蔽，燒者日屬。范乃毀削先令，但嚴使儲水而已。

百姓爲便，乃歌之曰：『廉叔度，來何暮？不禁火，民安作。平生無襦今五袴。』」後以「五袴」作爲稱頌地方官吏施行善政之詞。唐儲光羲〈晚次東亭獻鄭州宋使君文〉：「籍籍歌五袴，祁祁頌千箱。」

⑥ **會見九重丹詔，收取一方霖雨，勳業迫凌煙**：會同召見皇帝任命的詔書，接受治理一方，有所善政，功業足以記錄在凌煙閣上。**丹詔**：帝王的詔書。以朱筆書寫，故稱。唐韓翃〈送王光輔歸青州兼寄儲侍御〉：「身著紫衣趨闕下，口銜丹詔出關東。」**霖雨**：比喻濟世澤民。宋范仲淹〈和太傅鄧公歸遊武當寄〉：「此日神仙丁令鶴，幾年霖雨武侯龍。」**凌煙**：凌煙閣的省稱，指封建王朝爲表彰功臣而建築的繪有功臣圖像的高閣。唐杜甫〈丹青引贈曹將軍霸〉：「凌煙功臣少顏色，將軍下筆開生面」

⑦ **富貴與難老，眞作地行仙**：謂烏總管擁有富貴和長壽，有如神仙。**難老**：猶長壽。多用作祝壽之辭。《詩經·魯頌·泮水》：「既飲旨酒，永錫難老。」**地行仙**：原爲佛典中所記的一種長壽的神仙。《楞嚴經》卷八：「人不及處有十種仙：阿難，彼諸眾生，堅固服餌，而不休息，食道圓成，名地行仙……阿難，是等皆於人中鍊心，不修正覺，別得生理，壽千萬歲，休止深山或大海島，絕於人境。」後因以喻高壽或隱逸閒適的人。宋辛棄疾〈水調歌頭·壽南澗〉：「上界足官府，公是地行仙。」

四十四、〈六州歌頭〉

暢純甫與姚牧庵鄆城會飲①，唱和樂章〈六州歌頭〉往返凡數首，余次其韻二篇，答純甫。

江城會飲，東壁照奎星②。肝膽露，乾坤秘，盡披零③。勢分庭④。筆下風雷發，何爲爾，聊相慰，供一笑，悠悠者，總流萍⑤。　　虎擲龍跳幾遇，依然對、高壘深扃⑥。覰殷盤科斗，不說換鵝經⑦。老眼塵醒。認聲形。　　中州月旦，千載後，猶洒落，有歊寧⑧。人不見，搔首立，望餘馨⑨。海邊亭。寂寞鍾期遠，高山曲，幾人聽⑩。　　何必要，椿與菌，校年齡⑪。萬事元無定在，此心得到處仙靈⑫。愛爛遊南北，快馬接飛舲⑬。萬里丹青。

純甫自京師入長安，歷巴蜀，轉江淮，入廉山東，皆極貴顯，故末章及之。

【校勘】

〔暢純甫與姚牧庵〕：元本作「暢純甫余與姚牧庵」，據清文淵閣《四庫全書》
本刪。

〔幾遇〕：清文淵閣《四庫全書》本作「幾過」。

〔貴顯〕：清文淵閣《四庫全書》本作「顯貴」。

【箋注】

① **暢純甫與姚牧庵郢城會飲**：暢純甫和姚牧庵在郢都聚會飲酒。**姚牧庵**：姚
燧（1238～1313），字端甫，號牧庵，柳城人，徙武昌，樞姪。從許衡學，
至元十二年（1275）授秦王府文學，十七年除陝西提刑副使，調山南道，
二十四年入為翰林直學士，歷大司農丞、翰林學士，大德五年（1301）授
江東廉訪使，九年遷江西參政，至大二年（1309）除翰林承旨，四年告病
歸。皇慶二年卒，年七十六。諡文。有《牧庵集》三十六卷。**郢城**：猶郢
都。春秋、戰國時楚國都，故址在今湖北江陵東北。唐劉長卿〈送袁處士〉：
「萬里空江炎，孤舟過郢城。」**會飲**：聚飲。《史記·廉頗藺相如列傳》：「秦
御史前，書曰：『某年月日，秦王與趙王會飲，令趙王鼓瑟。』」

② **江城會飲，東壁照奎星**：在臨江的城市聚飲，東壁的星宿和奎星相對。**江
城**：臨江的城市、城郭。唐崔湜〈襄陽早秋寄岑侍郎〉：「江城秋氣早，旭
且坐南闈。」**奎星**：神話傳說中掌文運的神。《晉書·天文志上》：「東壁二
星，主文章，天下圖書之祕府也。」

③ **肝膽露，乾坤秘，盡披零**：彼此表露真誠，連天地間的秘密，也都說開。
肝膽：比喻真心誠意。宋曾鞏〈送宣州杜都官〉：「江湖一見十年舊，談笑
相逢肝膽傾。」

④ **分庭**：分處庭中，以示平等。《漢書·貨殖傳》：「子贛結駟連騎，束帛之幣
聘享諸侯，所至，國君無不分庭與之抗禮。」

⑤ **筆下風雷發，何為爾，聊相慰，供一笑，悠悠者，總流萍**：唱和的樂章裡
飽含威猛的氣勢，姑且當作娛樂，彼此安慰如浮萍般飄忽不定的人生。**風
雷**：比喻威猛的力量或急遽變化的形勢。宋蘇軾〈送將官梁左藏赴莫州〉：
「一朝鼓角鳴地中，帳下美人空掩面；豈如千騎平時來，空談謷欬生風雷。」
悠悠：動蕩、飄忽不定。南唐馮延巳〈鵲踏枝〉：「撩亂春愁如柳絮，悠悠

夢裏無尋處。」流萍：飄蕩的浮萍。比喻漂泊無定的人生。宋蘇軾〈送程七表弟知泗州〉：「赤子視萬類，流萍閱人寰。」

⑥ **虎擲龍跳幾遇，依然對、高壘深扃**：幾次面臨官場上激烈的鬥爭，仍然面對這高大封閉的環境。**高壘**：高大的壁壘。唐駱賓王〈從軍中行路難〉之二：「陰山苦霧埋高壘，交河孤月照連營。」

⑦ **覷殷盤科斗，不說換鵝經**：看見《尚書》上的科斗文字，卻不提換鵝經事。**殷盤**：指《尚書·盤庚》。唐韓愈〈進學解〉：「周《誥》殷《盤》，佶屈聱牙。」**科斗**：指周代古文字。宋陳師道〈觀兗文忠公家六一堂圖書〉：「廟器刻科斗，寶樽播華蟲。」**換鵝經**：晉朝書法家王羲之爲道士寫〈黃庭經〉換得群鵝。典見《晉書·王羲之傳》：「性愛鵝，會稽有孤居姥養一鵝，善鳴，求市未得，遂攜親友命駕就觀。姥聞羲之將至，烹以待之，羲之歎惜彌日。又山陰有一道士，養好鵝，羲之往觀焉，意甚悅，固求市之。道士云：『爲寫道德經，當舉羣相贈耳。』羲之欣然寫畢，籠鵝而歸，甚以爲樂，其任率如此。」後比喻以高才絕技換取心愛之物或讚揚書法高妙。

⑧ **中州月旦，千載後，猶灑落，有歆寧**：品評中州人物，在千年後依然灑脫飄逸的，尚有管寧和華歆。**歆寧**：指三國魏管寧和華歆。華歆小時與管寧同學，甚爲友好，在魏任官時曾薦管寧自代而名聞遐邇。另有割席絕交事，見南朝宋劉義慶《世說新語·德行》：「管寧、華歆共園中鋤菜，見地有片金，管揮鋤與瓦石不異，華捉而擲去之。又嘗同席讀書，有乘軒冕過門者，寧讀如故，歆廢書出看。寧割席分坐曰：『子非吾友也。』」

⑨ **人不見，搔首立，望餘馨**：化用《詩經·邶風·靜女》：「愛而不見，搔首踟躕。」謂已不見人，只能在原地以手搔頭，佇立等待，徒望芳德。**搔首**：以手搔頭。焦急或有所思貌。唐高適〈九日酬顏少府〉：「縱使登高只斷腸，不如獨坐空搔首。」**餘馨**：殘留的香味。宋蘇軾〈芙蓉城〉：「俗緣千劫磨不盡，翠被冷落淒餘馨。」

⑩ **寂寞鍾期遠，高山曲，幾人聽**：鍾期已經離世久遠，就算是再美妙的音樂，也少有人懂得欣賞。此在感嘆知音難遇。**鍾期**：即鍾子期，春秋時楚人。伯牙鼓琴，意在高山流水，鍾子期聽而知之。子期死，伯牙謂世無知音，乃破琴絕弦，終身不復鼓琴。事見《呂氏春秋·本味》、《淮南子·修務訓》。這裡用以比喻知音。唐孟浩然〈贈道士參寥〉：「不遇鍾期聽，誰知鸞鳳聲。」

⑪ **何必要，椿與菌，校年齡**：何須要將椿和菌這兩個生命懸殊的生物，拿來較量年齡長短。**椿與菌**：大椿與朝菌，二者生命長短殊異。語出《莊子·逍遙遊》：「朝菌不知晦朔，蟪蛄不知春秋……上古有大椿者，以八千歲為春，八千歲為秋。」

⑫ **萬事元無定在，此心得到處仙靈**：一切事物本無定準，只要明白了這個道理，就可以像神仙般優遊自在。**定在**：猶定準。晉陶潛〈飲酒〉之一：「衰榮無定在，彼此更共之。邵生瓜田中，寧似東陵時？」

⑬ **愛爛遊南北，快馬接飛舲**：喜愛到處漫遊，時而以快馬代步，時而行船。此指純甫仕宦南北的歷程。**爛遊**：漫遊。宋范成大〈次黃必先主簿同年贈別韻〉之二：「山郭官閒得爛遊，彌年還往話綢繆。」

四十五、〈六州歌頭〉

窺天以管，認得幾多星①。嗟擾擾，矜完美，校奇零②。蟻緣庭。物化無窮已③，石生火，火生壤，壤生濕，濕生木，木生萍。　夢裏高車駟馬，蓬然覺、甕牖柴扃④。記達人有語，痛飲讀騷經⑤。非醉非醒。妙難形。　曾經灩澦，夷險地，人上慄，比心寧⑥。更誰問，桃李冶，蕙蘭馨。水東亭。一曲滄浪詠，都分付，野鷗聽⑦。　還漸喜，鄉社飲，近高齡。但愧霜臺舊友，平生念、鐵石通靈⑧。辦林間一笑，酒釅灩風舲⑨。飯白芻青⑩。

時純甫按事東州，歸欲過余繡江。

【編年】

由其自注「純甫自京師入長安，歷巴蜀，轉江淮，入廉山東」、「時純甫按事東州」二句，按《元史·暢師文傳》載，暢師文於大德二年（1298）改山東道廉訪使，故本詞當作於劉敏中五十六歲時。

【校勘】

〔人上慄〕：清文淵閣《四庫全書》本作「人上慄」。

〔比心寧〕：清文淵閣《四庫全書》本作「此心寧」。

〔酒釅灩風舲〕：清文淵閣《四庫全書》本作「酒醒便揚舲」。

〔按事〕：清文淵閣《四庫全書》本作「將事」。

【箋注】

① **窺天以管，認得幾多星**：用竹管看天，能認得多少星星。

② **嗟擾擾，矜完美，校奇零**：感嘆世事紛亂，自負完備美好，修正零星之數。**擾擾**：紛亂貌；煩亂貌。唐武元衡〈南徐別業早春有懷〉：「生涯擾擾竟何成，自愛深居隱姓名。」**奇零**：零餘的數目，零星。《宋史·食貨志上二》：「舊嘗收蹙奇零，如米不及十合，而收為升；絹不滿十分，而收為寸之類。」

③ **物化無窮已**：事物變化無窮無盡。**物化**：事物的變化。語見《莊子·齊物論》：「昔者莊周夢為胡蝶，栩栩然胡蝶也；自喻適志與！不知周也。俄然覺，則蘧蘧然周也。不知周之夢為胡蝶與，胡蝶之夢為周與？周與胡蝶，則必有分矣。此之謂物化。」漢揚雄〈甘泉賦〉：「於是事變物化，目眩耳回。」

④ **夢裏高車駟馬，蘧然覺、甕牖柴扃**：夢裡過的是富貴生活，醒來卻驚覺身在貧寒人家。謂富貴繁華如夢，轉瞬成空。**蘧然**：驚喜、驚覺。語見《莊子·大宗師》：「成然寐，蘧然覺。」**甕牖**：以破甕為窗，指貧寒之家。《莊子·讓王》：「桑以為樞而甕牖。」**柴扃**：猶柴門。亦以指貧寒的家園。唐杜牧〈憶歸〉：「新城非故里，終日想柴扃。」

⑤ **記達人有語，痛飲讀騷經**：記得豪放豁達者所說的話，盡情喝酒，捧讀《離騷》。**達人**：豁達豪放的人。金孟宗獻〈張仲山枝巢〉：「達人孤高與世疎，百年直寄猶須臾。」**騷經**：指《離騷》。宋陳與義〈墨戲〉之一：「併入晴窗三昧手，不須辛苦讀《騷經》。」

⑥ **曾經灩澦，夷險地，人上慓，比心寧**：曾經經歷過灩澦堆這般危險的地形，卻勇敢無懼，心境平穩。比喻經歷官場傾軋鬥爭，心靜平和，無畏惡勢力。**灩澦**：即灩澦堆。長江瞿塘峽口的險灘，在四川省奉節縣東。巉崖矗立江中，堆旁水勢湍急，湍成漩渦，往往成為舟行之患。唐張祜〈送曾黯遊夔州〉：「不遠夔州路，曾波灩澦連。」**夷險**：謂艱險。前蜀韋莊〈和鄭拾遺秋日感事〉：「國運方夷險，天心詎測量。」**人上**：眾人之上。指最高統治地位。唐吳兢《貞觀政要·公平》：「為人上者，可不勉乎？」

⑦ **一曲滄浪詠，都分付，野鷗聽**：唱一首「滄浪曲」，把我的心意都託付給

海鳥聽。**滄浪**：語見《孟子・離婁上》：「有孺子歌曰：『滄浪之水清兮，可以濯我纓；滄浪之水濁兮，可以濯我足。』」後遂以「滄浪」指此歌。南朝梁劉勰《文心雕龍・明詩》：「孺子『滄浪』，亦有全曲。」**分付**：付托、寄意。宋楊恢〈祝英台近〉：「都將千里芳心，十年幽夢，分付與一聲啼鴂。」

⑧**但愧霜臺舊友，平生念、鐵石通靈**：只是覺得有愧於當年任職御史臺的老友，一生只希望，此心堅貞不移，善於應變。**霜臺**：御史臺的別稱。御史職司彈劾，為風霜之任，故稱。唐盧照鄰〈樂府雜詩序〉：「樂府者，侍御史賈君之所作也……霜臺有暇，文律動於京師；繡服無私，錦字飛於天下。」**鐵石**：鐵和石。比喻堅定不移。金周昂〈孫資深歲寒堂〉：「此心鐵石無人會，唯有庭前柏樹知。」**通靈**：善於應變、不拘泥。宋胡仔《苕溪漁隱叢話後集・回仙》：「吾得道年五十，第一度郭上竈，第二度趙仙姑。郭性頑鈍，只與追錢延年之法；趙性通靈，隨吾左右。」

⑨**辦林間一笑，酒醆灧風舲**：在林間開懷一笑，遊船乘風行駛，流水浮動光耀。**酒醆**：亦作「酒盞」。小酒杯。宋柳永〈看花回〉：「畫堂歌管深深處，難忘酒盞花枝。」**風舲**：乘風行駛的遊船。宋歐陽修〈答原父〉：「風舲或許邀，湖綠方灧灧。」

⑩**飯白芻青**：以白飯對待僕人，用青蔥的草料飼養馬匹。比喻對待僕馬優厚。引用唐杜甫〈入奏行贈西山檢察使竇侍御詩〉：「為君酤酒滿眼酤，與奴白飯馬青芻。」

四十六、〈玉樓春〉　　次韻答王太常①

東生白日西生月。世累驅人何日徹②。致身事業蕢為山，過眼紛華湯沃雪③。　　心田莫說誰寬窄。室有空虛生夜白④。醒時卻校醉時言，笑殺觀魚濠上客⑤。

【箋注】

①王太常：即王約。其生平事歷詳〈木蘭花慢〉（待撐撐暮境）注。

②世累驅人何日徹：世俗的牽累何時才能不再役使我們。世累：世俗的牽累。

宋陸游〈夜坐園中至夜分〉：「漸近秋清知病減，盡捐世累覺心平。」

③ 致身事業蕢為山，過眼紛華湯沃雪：致力獻身的功業如盛積而成的山，但繁華卻如被熱水澆淋過的雪，迅疾消逝。致身：《論語‧學而》：「事父母能竭其力，事君能致其身，與朋友交言而有信。」原謂獻身，後用作出仕之典。唐杜甫〈乾元中寓居同谷縣作歌〉之七：「長安卿相多少年，富貴應須致身早。」蕢：草織的盛器。《論語‧憲問》：「子擊磬於衛，有荷蕢而過孔氏之門者。」紛華：繁華、富麗。宋歐陽修〈讀書〉：「紛華暫時好，俯仰浮雲散。」沃雪：謂以熱水澆雪。比喻事情極易解決。語出《文選‧枚乘‧七發》：「小飯大歠，如湯沃雪。」唐白居易〈和新樓北園偶集〉：「銷愁若沃雪，破悶如割瓜。」

④ 室有空虛生夜白：比喻心境若能保持虛靜，不為欲念所蒙蔽，則能純白空明，真理自出。語出《莊子‧人間世》：「瞻彼闋者，虛室生白，吉祥止止。」

⑤ 笑殺觀魚濠上客：會被悠然觀魚的莊子所嘲笑。濠上：濠水之上。此代指莊子。《莊子‧秋水》記莊子與惠子遊於濠梁之上，見鯈魚出游從容，因辯論魚知樂否。後多用「濠上」比喻別有會心、自得其樂之地。唐賈島〈寄令狐綯相公〉：「不無濠上思，唯食圃中蔬。」

四十七、〈玉樓春〉　　壽何平章①

泰山高壓羣山小。齊魯百城青未了②。豈知山更有聰山，暫出雨雲周八表③。　　說山纔說聰山好。便覺泰山功烈④少。聰山天要慰蒼生，山不可移人不老。

【箋注】

① 何平章：即何聰山。平素博極群書，於《易》尤邃，自先朝以右丞商量中書省事。曾任侍御，後轉赴河南提刑。見元劉敏中〈送何聰山侍御赴河南提刑〉、〈壽何聰山右丞〉。平章：職官名。唐宋以同平章事為宰相之職，金元置平章政事為丞相之副，元代之行中書省置平章政事，則為地方高級長官，簡稱平章。明初仍沿襲，不久廢。

② 泰山高壓羣山小。齊魯百城青未了：泰山高峻，凌越眾山，齊魯各城鬱鬱

葱葱，生意盎然。此化用唐杜甫〈望嶽〉：「岱宗夫如何？齊魯青未了。造化鍾神秀，陰陽割昏曉。盪胸生層雲，決眥入歸鳥。會當凌絕頂，一覽眾山小。」高壓：高高遮蓋。唐溫庭筠〈過五丈原〉：「鐵馬雲雕久絕塵，柳陰高壓漢營春。」

③ **豈知山更有聰山，暫出雨雲周八表**：那裡知道一山更比一山高，高出雨雲之上，環繞四周，綿延不絕。這裡以何平章聰山之名爲諧音雙關，形容其人之不凡俊偉。雨雲：降雨的雲。唐李商隱〈杜工部蜀中離席〉：「座中醉客延醒客，江上晴雲雜雨雲。」八表：八方之外，指極遠的地方。晉陶潛〈歸鳥〉：「遠之八表，近憩雲岑。」

④ **功烈**：功勳業績。宋蘇軾〈王仲儀眞贊〉：「蓋功烈已著於時，德望已信於人。」

四十八、〈玉樓春〉　　雨中戲書

玉簪葉趄芭蕉大①。低映階墀高映座②。雨來時節一般鳴，點點聲聲相磨和。　　芭蕉重被風吹破。狼藉玉簪看又過③。瀟騷長與兩相宜，賴有竹君三五箇④。

【箋注】

① **玉簪葉趄芭蕉大**：玉簪葉小，襯托出芭蕉葉之大。玉簪：多年生草本植物。葉叢生，卵形或心臟形。花莖從葉叢中抽中，總狀花序。秋季開花，色白如玉，未開時如簪頭，有芳香。宋陸游〈園中觀草木有感〉：「木筆枝已空，玉簪殊未花。」趄：通「襯」。陪襯；襯托。

② **低映階墀高映座**：玉簪矮小，能遮隱臺階；芭蕉高大，能遮藏座席。階墀：臺階。亦指階面。唐白居易〈敘德書情四十韻上宣歙崔中丞〉：「飭躬趨館舍，拜手挹階墀。」

③ **狼藉玉簪看又過**：看了又看那些被風雨打亂的玉簪花。狼藉：縱橫散亂貌。唐元稹〈夜坐〉：「孩提萬里何時見？狼藉家書臥滿牀。」

④ **瀟騷長與兩相宜，賴有竹君三五箇**：還好外邊種了幾株修竹，伴隨著沙沙的風聲，十分適宜。瀟騷：又作「蕭騷」。形容風吹樹木的聲音。宋歐陽修〈呈元珍表臣〉：「披條泫轉清晨露，響葉蕭騷半夜風。」

四十九、〈玉樓春〉

次韻，答趙簽事①，學子溫來詞，末句云：天教酒禁幾時開，准擬與君同一醉②。

清官廚饌無兼味③。饑待公庭人吏退④。野人樽俎有餘歡，明月可批風可膾⑤。　　野人衰賤清官貴⑥。生死論交吾未愧⑦。天開酒禁已多時，卻甚不來同一醉。

【箋注】

① **趙簽事**：趙子溫，大德七年（1303）僉憲濟南，執法無妄與。**簽事**：職官名。專司判斷官事的官。金時置按察司僉事。元時諸衛、諸親軍及廉訪、安撫諸司，皆置僉事。明因之，都督、都指揮、按察、宣慰、宣撫等司均置僉事官。清初沿用，乾隆時廢。

② **天教酒禁幾時開，准擬與君同一醉**：上天示意禁止飲酒的法令幾時才開放，我打算和你一同醉飲盡歡。**天教**：上天示意，以為教誨。《晏子春秋・諫上十八》：「日暮，公西面望，睹慧星。召伯常騫，使禳去之。晏子曰：『不可，此天教也。』」**酒禁**：古代禁止釀酒、飲酒的法令。《後漢書・孔融傳》：「時年饑兵興，操表制酒禁，融頻書爭之，多侮慢之辭。」**準擬**：準備、打算。唐韓愈〈北湖〉：「應留醒心處，準擬醉時來。」

③ **清官廚饌無兼味**：清廉的長官飲食簡單，沒有兩種以上的菜餚。**廚饌**：猶廚膳。《宋史・庾悅傳》：「悅廚饌甚盛，不以及毅。」**兼味**：兩種以上的菜餚。唐杜甫〈客至〉：「盤飧市遠無兼味，樽酒家貧只舊醅。」

④ **饑待公庭人吏退**：形容勤於公務。法庭上人吏已退，長官卻忍受飢餓辛勤辦公。**公庭**：公堂、法庭。唐王勃〈梓州玄武縣福會寺碑〉：「懷道術於百齡，接風期於四海，依然梵宇欣象，教之將行莞爾公庭，惜牛刀之遂屈。」**人吏**：特指下級官吏。唐韓愈〈潮州請置鄉校牒〉：「人吏目不識『鄉飲酒』之禮，耳未嘗聞《鹿鳴》之歌。」

⑤ **野人樽俎有餘歡，明月可批風可膾**：我的宴席上充滿歡樂，連明月和清風彷彿也可被細切品嚐一般。**野人**：士人自謙之稱。唐杜甫〈贈李白〉：「野人對羶腥，蔬食常不飽。」**樽俎**：亦作「尊俎」。古代盛酒食的器皿。樽以盛酒，俎以盛肉。後代稱為宴席。宋王安石〈寄郎侍郎〉：「久願作公尊俎

客，恨無三畝斸蓬蒿！」**餘歡**：充分的歡欣。宋秦觀〈滿庭芳・茶〉：「頻相顧，餘歡未盡，欲去且留連。」

⑥ **野人衰賤清官貴**：我如此卑微，而清官是如此高貴。**衰賤**：衰落卑賤。南朝宋鮑照〈從拜陵登京峴〉：「衰賤謝遠願，疲老還舊邦。」

⑦ **生死論交吾未愧**：像這種可以共生死、共患難的交情，我沒有絲毫愧對羞慚之處。**論交**：結交、交朋友。宋陳師道〈贈魯直〉：「相逢不用蚤，論交宜晚歲。」

五十、〈玉樓春〉

　　米如珠玉薪如桂①。春畏旱霜秋畏水。忽忽鞍馬去年間，夜夜可能②安穩睡。　　今年卻到澄清③內。眼底功名真望外④。天開酒禁已多時，卻甚不來同一醉。

【箋注】

① **米如珠玉薪如桂**：形容物資匱乏，價格高昂。語本《戰國策・楚策》：「蘇秦謂楚王曰：『楚國食貴於玉，薪貴於桂。』」此化用宋蘇軾〈浣溪沙〉：「空復有詩衣有結，濕薪如桂米如珠。」

② **可能**：怎能、難道。唐許渾〈晚自朝臺津至韋隱居郊園〉：「西下磻溪猶萬里，可能垂白待文王？」

③ **澄清**：引申為安定。宋司馬光〈西齋〉：「四境已澄清，還以書自怡。」

④ **眼底功名真望外**：眼前的功業名聲真是令人意外。**望外**：出乎意料之外。唐賈島〈送令狐綯相公〉：「數行望外札，絕句握中珍。」

五十一、〈玉樓春〉

　　大德癸卯，子溫僉憲濟南，余奉使宣撫山北遼東，明年歸濟南，故云。**尋常聚散頻驚歲。只許相思勞寤寐①。心如膠漆定前緣，跡似燕鴻真拙計②。　　棄瓢林下應無累③。立馬花邊還可會④。天開酒禁已多時，卻甚不來同一醉。**

【編年】

按「大德癸卯」即元成宗大德七年（1303），次年爲大德八年，時劉敏中
年六十二。

【箋注】

① 只許相思勞寤寐：無時無刻都在思念之中。**寤寐**：寤，睡醒；寐，就寢。
表示無時無刻。《詩經・周南・關雎》：「窈窕淑女，寤寐求之。求之不得，
寤寐思服。」

② 心如膠漆定前緣，跡似燕鴻眞拙計：心就好像膠漆一樣親密難分，從此有
了前定的緣分；但行動卻像燕鴻一樣笨拙，難以相見。**燕鴻**：燕爲夏候鳥，
鴻爲東候鳥。因多以喻相距之遠，相見之難。南唐馮延巳〈芳草渡〉：「燕
鴻遠，羌笛怨，渺渺澄波一片。」**拙計**：笨拙的計謀。宋晁補之〈視田贈
八弟無斁〉之二：「拙計安足爲，朝往而莫旋。」

③ 棄瓢林下應無累：在幽靜的山林田野中隱居，或許不會再有人事的牽累。
棄瓢：喻隱逸傲世。漢蔡邕《琴操・箕山操》載，堯時許由隱居箕山，常
以手捧水而飲。人見其無器，以一瓢遺之。由飲畢，以瓢掛樹。風吹樹動，
歷歷有聲，由以爲煩擾，遂取瓢棄之。後以「棄瓢」爲隱居的典實。唐胡
曾〈箕山〉：「棄瓢巖畔中宵月，千古空聞屬許由。」**無累**：不牽累、沒有
牽累。宋王安石〈到家〉：「身閒自覺貧無累，命在誰論進有材。」

④ 立馬花邊還可會：將馬停在花邊，尚且可以會面。**立馬**：駐馬。唐朱慶餘
〈過舊宅〉：「榮華事歇皆如此，立馬踟躕到日斜。」

五十二、〈玉樓春〉

野亭正在溪山際。溪瀉寒聲山滴翠①。望君不見奈君何，好景滿前誰與
對。　　盡心王事君應瘁②。暫息可能無少遂③。天開酒禁已多時，卻
甚不來同一醉。

【箋注】

① **溪瀉寒聲山滴翠**：形容溪水流瀉，泉溪清涼，山林蒼翠欲滴。**瀉**：傾瀉，
水往下急流。南朝宋謝靈運〈入華子岡是麻源第三谷〉：「銅陵映碧澗，石

礑瀉紅泉。」

② 盡心王事君應瘁：竭盡心力處理公事，應該十分勞累。王事：王命差遣的公事。宋張孝祥〈題朱元順浯溪圖〉：「去年到浯溪，王事有期程。」瘁：勞累。《詩經・小雅・北山》：「或燕燕居息，或盡瘁事國。」

③ 暫息可能無少逐：短暫放鬆休息，或能使人身心舒展。逐：舒展。《詩經・衛風・芃蘭》：「容兮遂兮，垂帶悸兮。」

五十三、〈最高樓〉　　次韻答張縣尹①

高高屋，羅幕捲輕漪②。阿渚一周圍③。雄吞不數針三盆，治生何計韭千畦④。是賢乎，既富矣，又時兮。　　我喜踏探梅溪畔月。君愛掃煮茶枝上雪。君遣興，我心夷⑤。東家畫鼓更深舞，西家紅燭醉時歸⑥。莫教他，知我輩，不投機。

【箋注】

① 張縣尹：張謙，字受益，明水人。至元間掾江浙省，後調京師，除本省檢校，大德中累遷祕書監丞。平素蓄古物甚富，以博古稱，自號古齋。他是劉敏中舊在京師時的同僚，此時為任章丘縣尹。

② 高高屋，羅幕捲輕漪：高大的堂屋外，絲羅帳幕掀起了陣陣漣漪。羅幕：絲羅帳幕。宋晏殊〈蝶戀花〉：「檻菊愁煙蘭泣露。羅幕輕寒，燕子雙飛去。」清漪：水清澈而有波紋。南朝齊謝朓〈泛水曲〉：「日晚厭遵渚，採菱贈清漪。」

③ 阿渚一周圍：四周都被沙洲所圍繞。南唐李煜〈漁父〉：「花滿渚，酒滿甌，萬頃波中得自由。」

④ 雄吞不數針三盆，治生何計韭千畦：為了謀生計，費盡辛勞，如何能夠擁有像千畦韭菜田那樣的財富。不數：無數。宋曾鞏〈王平甫文集序〉：「各於其盛時，士之能以特見於世者，率常不過三數人，其世之不數，其人之難得如此。」

⑤ 君遣興，我心夷：你發抒情懷，我的心情喜悅。夷：通「怡」，喜悅。《詩經・鄭風・風雨》：「既見君子，云胡不夷？」

⑥ 東家畫鼓更深舞，西家紅燭醉時歸：無論東家西家，在深夜裡仍點著紅燭，敲著畫鼓盡興歌舞，飲酒作樂。畫鼓：有彩繪的鼓。唐白居易〈柘枝妓〉：「平鋪一合錦筵開，連擊三聲畫鼓催。」

五十四、〈最高樓〉　　又次前韻

　　文章好，自得似風漪①。不定似棋圍。郢人斲堊元無跡②，仙家種玉不論畦③。子能之，吾耄矣，奈何兮。　　都占斷野芳花與月④。更帶卻野亭風與雪。情放曠，境清夷⑤。木瓜暫比空函往，瓊瑤已報滿車歸⑥。怪天孫，渾不藉，錦雲機⑦。

野芳，張古齋亭名；野亭，余家亭名也。

【箋注】

① 自得似風漪：得意的心情彷若風輕拂水面所形成的波紋。風漪：微風吹拂水面形成的波紋。唐孟郊〈獻襄陽于大夫〉：「風漪參差泛，石板重疊躋。」

② 郢人斲堊元無跡：典見《莊子·徐无鬼》：「莊子送葬，過惠子之墓，顧謂從者曰：『郢人堊慢其鼻端若蠅翼，使匠石斲之。匠石運斤成風，聽而斲之，盡堊而鼻不傷，郢人立不失容。宋元君聞之，召匠石曰：『嘗試爲寡人爲之。』匠石曰：『臣則嘗能斲之。雖然，臣之質死久矣。』自夫子之死也，吾無以爲質矣，吾無與言之矣。』」後用郢人比喻知己。

③ 仙家種玉不論畦：楊伯雍遇仙人，貽贈石子，種於田中而獲璧，遂以爲聘，而得徐氏爲妻。典見晉干寶《搜神記》卷十一：「楊公伯雍，雒陽縣人也，本以儈賣爲業，性篤孝，父母亡，葬無終山，遂家焉。山高八十里，上無水，公汲水作義漿於坂頭，行者皆飲之。三年，有一人就飲，以一斗石子與之，使至高平好地有石處種之，云：『玉當生其中。』楊公未娶，又語云：『汝後當得好婦。』語畢不見，乃種其石。數歲，時時往視，見玉子生石上，人莫知也。有徐氏者，右北平著姓女，甚有行，時人求，多不許。公乃試求徐氏，徐氏笑以爲狂，因戲云：『得白璧一雙來，當聽爲婚。』公至所種玉田中，得白璧五雙，以聘。徐氏大驚，遂以女妻公。天子聞而異之，拜爲大夫。乃於種玉處四角，作大石柱，各一丈，中央一頃地名曰『玉田』。」

④ 都占斷野芳花與月：擁有野芳亭上的花月景色。

⑤ 情放曠，境清夷：感情豪放，心境恬淡。**放曠**：豪放曠達，不拘禮俗。晉潘岳〈秋興賦〉：「逍遙乎山水之阿，放曠乎人間之世。」**清夷**：清淨恬淡。宋曾鞏〈知制誥授中司制〉：「某志行清夷。」

⑥ 木瓜暫比空函往，瓊瑤已報滿車歸：指兩人詩文信箋的酬贈往返，自謙文采不如對方。**瓊瑤**：語出《詩經‧衛風‧木瓜》：「投我以木桃，報之以瓊瑤。」原指美麗的玉石。這裡用以比喻酬謝的禮物或投贈的詩文。唐劉禹錫〈酬太原令狐相公見寄〉：「書信來天外，瓊瑤滿匣中。」

⑦ 怪天孫，渾不藉，錦雲機：都怪仙女不願借給我能織造出美麗錦緞的織器。謙說無法回饋給對方很精巧的禮物。此指華美的文采。**天孫**：指傳說中巧於織造的仙女。唐柳宗元〈乞巧文〉：「下土之臣，竊聞天孫，專巧於天。」**不藉**：不願借。唐布燮〈聽妓洞雲歌〉：「嵇叔夜鼓琴飲酒無閒暇；若使當時聞此歌，拋擲〈廣陵〉都不藉。」

五十五、〈最高樓〉　　又前韻

江風遠，吹皺翠羅漪①。山繞似重圍②。連延花枝香成陣，坡陀壠畝綠如畦③。箇中間，吾受者，一廛兮④。　　君不見花間偏愛月。又不見山陰⑤偏喜雪。搴杜若，載辛夷⑥。東籬日落悠然坐，舞雩春煖詠而歸⑦。此何人，千萬古，一天機⑧。

【箋注】

① 江風遠，吹皺翠羅漪：遠處的江風吹來，山上那如翠羅般的綠葉，因而掀起綠浪。這裡化用了南唐馮延巳〈謁金門〉：「風乍起，吹縐一池春水。」將風吹春水想像成風吹林葉。**翠羅**：綠色的絲織物。宋蔣捷〈蝶戀花‧風蓮〉：「偷把翠羅香被展，無眠卻又頻翻轉。」

② 山繞似重圍：居住的地方被群山層層環繞。**重圍**：層層包圍。《三國志‧吳志‧太史慈傳》：「冒白刃，突重圍。」

③ 連延花枝香成陣，坡陀壠畝綠如畦：盛開著花的枝條連綿不斷，排列成陣，香氣四溢，起伏的山丘田園一片翠綠。**連延**：連續、綿延。唐元稹〈競舟〉：

「連延數十日，作業不復憂。」**坡陀**：山勢起伏貌。宋蘇軾〈次前韻答馬忠玉〉：「坡陀巨麓起連峯，積累當年慶自鍾。」

④ **箇中間，吾受者，一廛兮**：在萬山合抱、綠野綿延的天地間，我所領受的，是一方居住之地。**一廛**：古時一夫所居之地。亦泛指一塊土地、一處居宅。《孟子‧滕文公上》：「遠方之人，聞君行仁政，願受一廛而爲氓。」

⑤ **山陰**：山朝北的一面。唐姚合〈寄楊工部聞毘陵舍弟自罨溪入茶山〉：「芳新生石際，幽嫩在山陰。」

⑥ **搴杜若，載辛夷**：採摘杜若草，頭戴辛夷花。這裡借用了志行高潔的屈原，表達自己效仿先賢的高雅情懷。**杜若**：香草名。多年生草本，高一二尺。葉廣披針形，味辛香。夏日開白花。果實藍黑色。《楚辭‧九歌‧湘君》：「采芳洲兮杜若，將以遺兮下女。」**辛夷**：指辛夷樹的花。辛夷樹屬木蘭科，落葉喬木，高數丈，木有香氣。花初出枝頭，苞長半寸，而尖銳儼如筆頭因而俗稱木筆。及開則似蓮花而小如盞，紫苞紅焰，作蓮及蘭花香，亦有白色者，人又呼爲玉蘭。今多以「辛夷」爲木蘭的別稱。《楚辭‧九歌‧湘夫人》：「桂棟兮蘭橑，辛夷楣兮藥房。」

⑦ **東籬日落悠然坐，舞雩春煖詠而歸**：在日暮黃昏時，悠閒自在地坐在園圃旁邊，在春暖的時節裡歌詠舞蹈。這裡借用了淡泊自適的陶潛和靜觀高歌的孔子兩則典故，言明嚮往隱居恬淡的生活。**東籬**：園圃。晉陶潛〈飲酒〉之五：「采菊東籬下，悠然見南山。」後因以指種菊之處。**舞雩**：古代求雨時舉行的伴有樂舞的祭祀。《論語‧先進》：「莫春者，春服既成。冠者五六人，童子六七人，浴乎沂，風乎舞雩，詠而歸。」後指以樂道遂志，不求仕進。

⑧ **此何人，千萬古，一天機**：此乃反詰語。意謂千古以來，能有幾人能像我們一樣，領略人生樂趣的奧秘？**天機**：謂天之機密，猶天意。宋陸游〈醉中草書因戲作此詩〉：「稚子問翁新悟處，欲言直恐泄天機。」

五十六、〈最高樓〉 又次前韻

吾衰矣，廢治不重漪①。朽木更堪圍。觸藩曾看羸其角②，脅肩又見病于畦③。此何哉，自取耳，亦難兮。　待闊展月臺秋待月④。更別起雪堂冬聽雪⑤。花灌溉，草芟夷⑥。偶逢林叟歡成醉，閒隨沙鳥淡忘歸⑦。嘆

人生，塵土事，漫勞機⑧。

【箋注】

① **吾衰矣，廢治不重漪**：我已衰老，已經無所用處了。吾衰矣，語出《論語·述而》：「甚矣吾衰也！久矣吾不復夢見周公。」蓋因孔子盛時，志欲行周公之道，故夢寐之間，或如見之。至其老而不能行也，則無復是心，亦無復是夢，因而自嘆其衰之甚。其下更化用宋辛棄疾〈最高樓〉：「吾衰矣，須富貴何時。富貴是危機。」這是對人生經歷的總結和感嘆，表示政治上充滿危機。漪：語氣詞。宋蘇軾〈寄蘄簟與蒲傳正〉：「願公淨掃清香閣，臥聽風漪聲滿榻。」

② **觸藩曾看羸其角**：引用《易·大壯》：「羝羊觸藩。羸其角。」公羊撞擊藩籬，角被困在藩籬中，比喻碰壁，進退兩難。**觸藩**：以角抵撞藩籬。唐駱賓王〈早秋出塞寄東臺詳正學士〉：「弔影慙連茹，浮生倦觸藩。」**羸**：通「纍」，束縛纏繞。

③ **脅肩又見病於畦**：引用《孟子·滕文公下》：「脅肩諂笑，病于夏畦。」指聳起肩膀，裝出笑臉，形容極端諂媚的樣子。**脅肩**：聳起肩膀，故示敬畏。金宇文虛中〈在金日作〉之一：「開口摧頹空抱朴，脅肩奔走尚腰金。」

④ **待闢展月臺秋待月**：等到開闢一個賞月高臺，等待秋月。月臺：賞月的露天平臺。唐杜甫〈徐九少尹見過〉：「賞靜憐雲竹，忘歸步月臺。」

⑤ **更別起雪堂多聽雪**：還另外建築雪堂，在冬天聽雪落的聲音。雪堂：宋蘇軾在黃州，寓居臨皋亭，就東坡築雪堂。故址在今湖北省黃州市東。宋蘇軾〈雪堂記〉：「蘇子得廢圃于東坡之脅，築而垣之，作堂焉，號其正曰『雪堂』。堂以大雪中為之，因繪雪於四壁之間，無容隙也。起居偃仰，環顧睥睨，無非雪者。」

⑥ **芟夷**：除草、刈除。唐杜甫〈除草〉：「芟夷不可闕，疾惡信如讎。」

⑦ **偶逢林叟歡成醉，閒隨沙鳥淡忘歸**：前句化用自唐王維〈終南別業〉：「偶然值林叟，談笑無還期。」後句化用南朝宋謝靈運〈石壁精舍還湖中作〉：「清暉能娛人，遊子憺忘歸。」指偶然遇見居住在山林中的老人，和他飲酒同歡，伴隨著沙洲上的水鳥，怡然忘返。此用以表達歸隱之思。

⑧ **嘆人生，塵土事，漫勞機**：感嘆人生世事，徒費心機。**機**：機巧、機心。《列

子‧仲尼》：「大夫不聞齊魯之多機乎？」

五十七、〈最高樓〉

　　寄張古齋受益。野芳，亭名；太初，余家怪石巖也。古齋受益所居，當繡江之源，江北流二十里。其東壖①有日「野亭」者，則余之別墅也。頃歲②，余與古齋同在京師，而同有歸歟之思，逮茲而同如其志，同樂也。作詞以道之，同一笑云。

　　山家好，河水淨漣漪。茅舍綠陰圍③。兒童不解針垂釣，老翁只會甕澆畦④。我思之，君倦矣，去來兮⑤。　　也問甚野芳亭上月。也問甚太初巖下雪⑥。乘款段，載鴟夷⑦。興來便作尋花去，醉時不記插花歸⑧。問沙鷗，從此後，可忘機。

【校勘】

〔寄張古齋受益。野芳，亭名；太初，余家怪石巖也〕：元本無此十八字，據清文淵閣《四庫全書》本補。

【箋注】

① 壖：空地、邊緣餘地。《史記‧李將軍列傳》：「李蔡以丞相坐侵孝景園壖地，當下吏治。」

② 頃歲：昔年。唐權德輿〈拜昭陵過咸陽墅〉：「頃歲辱明命，銘勳鏤貞堅。」

③ 茅舍綠陰圍：化用唐孟浩然〈過故人莊〉「綠樹村邊合」一句之詩意，形容居處周圍為綠樹所圍繞，一片生機盎然。

④ 兒童不解針垂釣，老翁只會甕澆畦：用以比喻安於拙陋的淳樸生活。前句化用唐杜甫〈江村〉：「老妻畫紙為棋局，稚子敲針作釣鉤。」後句典用《莊子‧天地》：「子貢南遊於楚，反於晉，過漢陰，見一丈人方將為圃畦，鑿隧而入井，抱甕而出灌，搰搰然用力甚多而見功寡。」

⑤ 我思之，君倦矣，去來兮：想來你也和我一樣，厭倦了這個紛擾的塵世和污濁的官場，同有告官歸去的念頭。

⑥ 也問甚野芳亭上月。也問甚太初巖下雪：我問你野芳亭的月色如何，問我

太初石下的雪景如何。關心彼此的隱逸生活情致。

⑦ **乘款段，載鴟夷**：乘著馬匹、載著酒囊隨行。前句典出《後漢書‧馬援傳》：「士生一世，但取衣食裁足，乘下澤車，御款段馬，為郡掾史，守墳墓，鄉里稱善人，斯可矣。」借言取衣食裁足、鄉里稱善人的人生理想。後句典見《史記‧越王句踐世家》：「范蠡浮海出齊，變姓名，自謂鴟夷子皮，耕于海畔，苦身戮力，父子治產。」春秋楚人范蠡與文種同事越王句踐二十餘年，苦身戮力，卒以滅吳，尊為上將軍。蠡以大名之下，難以久居，且句踐為人，可與共患難，難與同安樂，遂浮海適齊，變姓名為鴟夷子皮。**款段**：馬行遲緩貌，此借指馬。唐劉灣〈對與愁悶寄錢大郎中〉：「龍鍾驅款段，到處倍思君。」**鴟夷**：指盛酒的革囊。宋司馬光〈柳溪對雪〉：「鴟夷賒美酒，油壁繫輕車。」

⑧ **興來便作尋花去，醉時不記插花歸**：興致一來，便登山採摘野花，回家時竟忘記頭上插滿了花兒。頗有唐杜牧〈九日齊山登高〉中「塵世難逢開口笑，菊花須插滿頭歸」之意，比喻行樂忘俗，自在暢遊的生活。這裡化用了宋蘇軾〈答王鞏〉：「子有千瓶酒，我有萬株菊。任子滿頭插，團團見花不見目。醉中插花歸，花重壓折軸。」

五十八、〈最高樓〉　　既作此詞，有懷張秀實公子幽居①，復用前韻

幽居好，煙靄翠生漪②。水繞更山圍。錦幃四面花藏屋，綠雲一望稻盈畦③。問誰歟，君子者，美人兮。　　也不看李家④堂裏月。也不踏班生⑤關外雪。尋寂寞，覓希夷⑥。醉眠長被鶯呼起，相看時有燕飛歸。我憐君，君似我，本無機。

以上《中庵集》卷二十四。

【校勘】

〔覓希夷〕：清文淵閣《四庫全書》本作「見希夷」。

【箋注】

① **幽居**：幽靜的居所。南朝宋謝靈運〈石門新營所住四面高山迴溪石瀨脩竹茂林〉：「躋險築幽居，披雲臥石門。」

② **幽居好，煙靄翠生漪**：住在僻靜的地方，有山間雲霧繚繞，還有蒼翠的林木相伴。**煙靄**：雲霧。金元好問〈五松平〉：「蒼崖入地底，煙靄青漫漫。」

③ **錦幃四面花藏屋，綠雲一望稻盈畦**：房屋被如錦帳般的花所掩映，放眼望去盡是如雲朵般的廣漠水田。**錦幃**：錦帳。後蜀顧敻〈甘州子〉：「一爐龍麝錦幃旁。屏掩映，燭熒煌。」

④ **李家**：特指唐皇室。《舊唐書・突厥傳上》：「我突厥積代以來，降附李家，今聞李家天子種末總盡，唯有兩兒在，我今將兵助立。」

⑤ **班生**：指漢班超。其以投筆從戎、立功異域著稱。唐豆盧詵〈嶺南節度判官宗公神道碑〉：「不安顏子之貧，遂投班生之筆。」

⑥ **尋寂寞，覓希夷**：尋求清靜恬淡、自然無為的生活。**希夷**：語見《老子》：「視之不見名曰夷，聽之不聞名曰希。」謂清靜無為，任其自然。唐白居易〈病中宴坐〉：「外安支離體，中養希夷心。」

五十九、〈清平樂〉

西野內翰奉使①寄示佳篇累幅，三韓②山川風土之勝，了然目中。夫能以吟詠之樂，而忘其跋涉之勞，固君子之所尚也。披賞之餘，輒敢用〈清平樂〉韻少答雅貺③，且以奉旋斾④一笑云。

雲窗月戶⑤。水秀山奇處。畫裏二三千里路。一步哦詩一住。　　詩中卻也思家。寄來滿紙煙霞。辦了皇華事業，做成冷淡生涯⑥。

【編年】

按《元史・郭貫傳》云：「大德初，遷湖北道……八年（1304），遷集賢待制，進翰林直學士，奉詔與遼陽行省平章政事別速臺徹里帖木兒往鎮高麗。十一年，召為河東廉訪副使。」故此詞約寫於大德八年至十一年間，時年六十二至六十五。

【校勘】

〔輒敢用〈清平樂〉韻〕：元本無「清平樂」三字，清文淵閣《四庫全書》本補。

【箋注】

① **西野內翰奉使**：即郭貫（1250～1331），字安道，號西野，保定清苑人。至元二十七年（1286）累遷監察御史，歷湖南、湖北、江西三道憲僉，入爲御史臺都事，大德八年（1304）遷集賢待制，進翰林直學士，除河東廉訪副使，皇慶二年（1313）累陞淮西廉訪使，入爲中書參政，進左丞，加集賢大學士，至治元年（1321）致仕。至順二年（1331）年卒，年八十二。諡文憲。

② **三韓**：漢時朝鮮南部的馬韓、辰韓、弁韓的合稱。馬韓在西，辰韓在東，弁韓在辰韓之南，後皆爲新羅、百濟所併。唐杜甫〈奉贈太常張卿均十二韻〉：「方丈三韓外，崑崙萬國西。」

③ **雅貺**：敬辭。稱對方的贈與。唐李商隱〈重祭外舅司徒公文〉：「紵衣縞帶，雅貺或比於僑吳；荊釵布裙，高義每符於梁孟。」

④ **旋斾**：回師。漢陳琳〈檄吳將校部曲文〉：「故且觀兵旋斾，復整六師，長驅西征，致天下誅。」

⑤ **雲窗月戶**：雲霧繚繞窗前，月色映照入戶。形容景致幽雅迷濛。雲窗：雲霧繚繞的窗戶。借指山中僧道或隱者的居室。宋范成大〈華山寺〉：「我今閒行作閒客，暫借雲窗解包具。」

⑥ **辦了皇華事業，做成冷淡生涯**：雖然奉命出使，事務重大，卻表現了對幽靜生活的嚮往。皇華：《詩經・小雅》中的篇名。〈序〉謂：「皇皇者華，君遣使臣也。送之以禮樂，言遠而有光華也。」因以「皇華」爲讚頌奉命出使或出使者的典故。《國語・魯語下》：「〈皇皇者華〉，君教使臣曰：『每懷靡及，諏、謀、度、詢，必咨於周。』」冷淡：幽寂。南唐李中〈徐司徒池亭〉：「扶疏皆竹柏，冷淡似瀟湘。」生涯：生活。宋陳亮〈謝陳參政啓〉：「暮景生涯，怳如落日；少年夢事，旋若好風。」

六十、〈清平樂〉　　次前韻

　　經春閉戶。人不思量處。驀地花神通一路。留得詩仙肯住。　　相歡忘卻無家①。對花細引流霞②。此日詩來腸斷，望君東海西涯③。
西野郭安道所寄〈清平樂〉，專言予寓居④賞牡丹之樂，故予答云然。

【校勘】

〔西野郭安道所寄〈清平樂〉，專言予寓居賞牡丹之樂，故予答云然〕：元本無
　注，據清文淵閣《四庫全書》本補。

【箋注】

①相歡忘卻無家：同歡而忘記了沒有屋舍。**相歡**：交歡；共歡樂。宋王安石
　〈魚兒〉：「繞岸車鳴水欲乾，魚兒相逐尚相歡。」**無家**：沒有房舍。漢班
　彪〈北征賦〉：「野蕭條以莽蕩，迥千里而無家。」

②對花細引流霞：面對著花叢，仔細品嚐手中的美酒。**流霞**：泛指美酒。北
　周庾信〈衛王贈桑落酒奉答〉：「愁人坐狹邪，喜得送流霞。」

③此日詩來腸斷，望君東海西涯：這天詩情湧現，只因非常想念遠方的你。
　腸斷：形容極度悲傷。唐白居易〈長恨歌〉：「行宮見月傷心色，夜雨聞鈴
　腸斷聲。」

④**寓居**：寄居；僑居。漢張衡〈西京賦〉：「鳥畢駭，獸咸作，草伏木棲，寓
　居穴託。」

六十一、〈清平樂〉　用前韻，答郭幹卿①二首

　　松窗竹戶。山氣空濛處②。煙柳迷人花滿路。此是中庵舊住。　　沙鷗久
　　望歸家。歸心已接飛霞③。他日乘軒過我，待君繡水之涯④。

【箋注】

①**郭幹卿**：即郭思貞，蒲州人，幹卿為其字。以儒進，拜監察御史，至治二
　年（1322）累遷南臺治書，陞西臺侍御史，至順三年（1333）改南臺侍御
　史，明年入為奎章閣大學士。卒謚文憲。

②**山氣空濛處**：山中雲霧迷濛的地方。**山氣**：山中的雲霧之氣。金元好問〈僧
　寺阻雨〉：「山氣森岑入葛衣，砧聲偏與客心期。」**空濛**：迷茫、縹緲貌。
　南朝齊謝朓〈觀朝雨〉：「空濛如薄霧，散漫似輕埃。」

③**歸心已接飛霞**：想要回家的念頭已經隨著雲霞飄動。**飛霞**：空中飄動的雲
　霞。晉謝混〈遊西池〉：「回阡被陵闕，高臺眺飛霞。」

④他日乘軒過我，待君繡水之涯：此爲邀請之辭，謂將來郭君乘車拜訪，將
　　在繡水接待。乘軒：乘坐大夫的車子。南朝宋鮑照〈擬古〉：「不謂乘軒意，
　　伏櫪還至今。」

六十二、〈清平樂〉

　　蜂房蟻戶①。總是容身處。腳底東西南北路。萬古人行人住②。　　出家
何必離家。求仙不用湌霞③。但得花開酒美，老夫歡喜逾涯④。

【箋注】

①蜂房蟻戶：形容擁擠密集的居處。蜂房：比喻房室密集眾多。宋黃庭堅〈題
　　落星寺〉：「蜂房各自開戶牖，處處煮茶藤一枝。」

②萬古人行人住：自古以來，人到了何處，就落腳何處。萬古：猶萬代；萬
　　世。形容經歷的年代久遠。唐杜甫〈戲爲六絕句〉之二：「爾曹身與名俱滅，
　　不廢江河萬古流。」

③求仙不用湌霞：想要成仙，不需要餐食日霞。湌霞：又作「餐霞」。餐食日
　　霞。指修仙學道。語出《漢書・司馬相如傳下》：「呼吸沆瀣兮餐朝霞。」
　　唐馬戴〈送道友入天臺山作〉：「漱齒飛泉外，餐霞早境中。」

④但得花開酒美，老夫歡喜逾涯：只要花朵盛開，酒漿甜美，我就非常高興
　　了。逾涯：超越邊界。唐柳宗元〈代韋永州謝上表〉：「過量逾涯，每深兢
　　惕。」

六十三、〈清平樂〉　　張秀實芍藥詞

　　牡丹花落。夢裏東風惡①。見說君家紅芍藥。盡把春愁忘卻。　　隔墻百
步香來。數叢爲我全開。拚向綵雲堆裏，醉時同臥蒼苔②。

【箋注】

①牡丹花落。夢裏東風惡：睡夢中，東風猛烈地吹著，吹落了一地牡丹。
　　惡：威猛；猛烈。唐杜甫〈魏將軍歌〉：「君門羽林萬猛士，惡若哮虎子
　　所監。」

② 拚向綵雲堆裏，醉時同臥蒼苔：走向芍藥花叢中，醉了的時候就躺在長
滿綠苔的石頭上。綵雲：絢麗的雲彩。此指芍藥花。南朝梁江淹〈麗色
賦〉：「其始見也，若紅蓮映池；其少進也，如綵雲出崖。五光徘徊，十
色陸離。」

六十四、〈清平樂〉　白芍藥

何年金屑。飛上玲瓏雪①。一樹風情誰解說。只有盈盈夜月②。　　牡丹
紅藥相誇。鉛華各自名家③。為向看花人道，此花不在鉛華。

【箋注】

① 何年金屑。飛上玲瓏雪：形容白芍藥上沾附黃色花粉的姿態。金屑：黃色
的花粉。晉嵇含《南方草木狀·朱瑾》：「其花深紅色，五出，大如蜀葵，
有蕊一條，長於花葉，上綴金屑，日光所爍，疑若焰生。」宋梅堯臣〈妾
薄命〉：「曾聞清冷混金屑，誰謂飄揚逐路人。」

② 一樹風情誰解說。只有盈盈夜月：謂能欣賞白芍藥清雅之姿者少，只有那
晶瑩無瑕的明月，能烘托出芍藥之美。風情：指風雅的情趣、韻味。宋陸
游〈雪晴〉：「老來莫道風情減，憶向煙蕪信馬行。」盈盈：清澈貌；晶瑩
貌。宋張先〈臨江仙〉：「況與佳人分鳳侶，盈盈粉淚難收。」

③ 牡丹紅藥相誇。鉛華各自名家：牡丹和芍藥花競相爭豔，各有所美。鉛華：
原指婦女化妝用的鉛粉。此指花的穠姿美態。三國魏曹植〈洛神賦〉：「芳
澤無加，鉛華弗御。」名家：謂有專長而自成一家。唐韓愈〈祭張給事文〉：
「惟君之先，以儒學名家。」

六十五、〈清平樂〉

大德癸卯，奉使宣撫山北遼東道，五月赴懿州道中二首。
茸茸碧草。點點金花小①。十里青山山下道。地錦都教蓋了②。　　天然
草軟平勻。馬蹄穩送行人③。路斷不堪回首，南風依舊黃塵④。
平川⑤細草上有黃花可愛。

【編年】

大德癸卯，即元成宗大德七年（1303），時年六十一。

【校勘】

〔都教〕：清文淵閣《四庫全書》本作「渾教」。

〔草軟〕：清文淵閣《四庫全書》本作「膩軟」。

〔平川細草上有黃花可愛〕：元本無注，據清文淵閣《四庫全書》本補。

【箋注】

① 茸茸碧草。點點金花小：一片廣闊、濃密的細草上，密布著點點的黃花。
茸茸：柔細濃密貌。唐白居易〈紅絨毯〉：「綵絲茸茸香拂拂，線軟花虛不
勝物。」

② 十里青山山下道。地錦都教蓋了：青山綿延壯闊，沿途道中長滿了地錦草。
地錦：（1）中草藥名。又稱「斑地錦」、「奶漿草」。全草入藥，有利尿、通
乳汁、止血等功效。（2）即爬山虎，落葉藤本植物。葉子互生，葉柄細長，
花淺綠色，結漿果，球形。莖上有捲鬚，能附著在岩石或牆壁上，可供觀
賞。根莖入藥，有袪風活血的作用。（3）地黃的別名。

③ 天然草軟平勻。馬蹄穩送行人：自然生成的草綿軟柔細，在廣闊平坦的地
上均勻分布。而達達的馬蹄護送著行人。

④ 路斷不堪回首，南風依舊黃塵：路途偏遠，不堪回頭，南風依然捲起黃色
的沙塵。路斷：道路阻隔，人煙稀少，形容偏僻荒涼處。

⑤ 平川：廣闊平坦之地。唐杜甫〈秋日夔府詠懷一百韻〉：「有時驚疊嶂，何
處覓平川？」

六十六、〈清平樂〉　山行見芍藥

山寒開晚。開也無人管。風裏欹紅顏色淺①。恨與天涯共遠。　　多時立
馬彷徨。一枝為挽餘香②。欲說揚州舊譜，怕渠分外淒涼③。
山中五月，芍藥始開，有感而作。

【校勘】

〔山中五月，芍藥始開，有感而作〕：元本無注，據清文淵閣《四庫全書》補。

【箋注】

①風裏敧紅顏色淺：紅芍藥花在風裡傾斜搖擺，顏色淺薄。敧：傾斜不正。宋蘇軾〈瑞鷓鴣〉：「西興渡口帆初落，漁浦山頭日未敧。」

②多時立馬彷徨。一枝爲挽餘香：在此駐馬徘徊一段時間，忍不住挽了一枝芳香的芍藥，萬般憐賞。餘香：濃郁的香氣。唐丘爲〈左掖梨花詩〉：「冷豔全欺雪，餘香乍入衣。」

③欲說揚州舊譜，怕渠分外凄涼：想提起宋人觀賞芍藥的盛況，卻怕加深此時芍藥無人欣賞的孤寂感。揚州舊譜：指宋王觀撰《揚州芍藥譜》。揚州芍藥，自宋初名於天下，與洛陽牡丹俱貴于時。《宋史‧藝文志》載爲之譜者三家，其一孔武仲，其一劉攽，其一即觀此譜。而觀譜最後出，謂可紀者有三十三種，具列其名，至今獨存。其後論所稱，唐張祜、杜牧、盧全之徒，居揚日久，無一言及芍藥，意古未有如今之盛。

六十七、〈清平樂〉　　九月回至隆興

　　雲峰咫尺。竹靜芭蕉碧①。鶴繞蒼苔行又立。不見高堂素壁②。　　簿書
　　駈騎忽忽。暫時留住衰翁③。一片歸心難畫，野亭繡水秋風④。
隆興廳事⑤壁間作〈六鶴圖〉，頗奇，戲書及之。

【校勘】

〔難畫〕：清文淵閣《四庫全書》作「難盡」。

〔隆興廳事壁間作〈六鶴圖〉，頗奇，戲書及之〕：元本無注，據清文淵閣《四庫全書》補。

【箋注】

①雲峰咫尺。竹靜芭蕉碧：廳堂牆壁的〈六鶴圖〉中，有近在眼前的山峰、有幽靜的竹枝和碧綠的芭蕉。

②鶴繞蒼苔行又立。不見高堂素壁：畫中又有一群白鶴或行或立，圍繞在青

綠的苔鮮邊。雲峰：高聳入雲的山峰。宋毛滂〈何滿子·夏曲〉：「急雨初收珠點，雲峰巉絕天半。」

③ **簿書馹騎忽忽。暫時留住衰翁**：驛騎急忙送來的官署文書，暫且留住了我這個老翁。**簿書**：官署中的文書簿冊。唐李紳〈宿越州天王寺〉：「休按簿書懲黠吏，未齊風俗昧良臣。」**馹騎**：即驛騎。宋沈遘〈出都〉：「一朝使萬里，馹騎催早發。」

④ **一片歸心難畫，野亭繡水秋風**：我有一片思歸的心，卻無法像〈六鶴圖〉般歷歷呈現，將野亭、繡江和秋風盡收眼底。

⑤ **廳事**：官署視事問案的廳堂。古作「聽事」。宋陸游《入蜀記》卷四：「州治陋甚，廳事僅可容數客。」

六十八、〈清平樂〉　　野芳亭觀畫羅漢①

千金不換。壁上阿羅漢。古怪清奇君細看②。盡是如來變現③。　　天龍鬼物青紅④。斷崖流水孤松。知在野芳亭上，恍然兜率天中⑤。

【箋注】

① **羅漢**：亦稱「阿羅漢」，爲梵語 arahan 的音譯，指佛教的果位。意爲殺賊、應供、不生。小乘的最高果位，稱爲「無學果」，謂已斷煩惱，超出三界輪迴，應受人天供養的尊者。唐司空圖〈十會齋文〉：「維摩赴會，捧瑞露以同沾；羅漢飛空，曳危峰而亦至。」

② **古怪清奇君細看**：仔細觀賞畫中奇異不凡的境界。

③ **盡是如來變現**：全是如來佛變化原貌的樣子。**如來**：佛的別名，爲梵語意譯。「如」謂如實，如來即從如實之道而來，開示真理的人。又爲釋迦牟尼的十種法號之一。《金剛經·威儀寂靜分》：「如來者，無所從來，亦無所去，故名如來。」**變現**：亦作「變見」。指改變其原來的樣子而出現。唐元稹〈大雲寺二十韻〉：「聽經神變見，說偈鳥紛紜。」

④ **天龍鬼物青紅**：用青紅各色顏料繪製的天龍鬼神。**天龍**：佛教語，謂諸天與龍神。《法華經·序品》：「天龍恭敬，不以爲喜。」**青紅**：青色和紅色。常用以指代顏料、胭脂粉黛、彩霞、燈彩等。唐韓愈〈謁衡嶽廟遂宿嶽寺

題門樓〉：「粉牆丹柱動光彩，鬼物圖畫填青紅。」

⑤ 知在野芳亭上，恍然兜率天中：雖然知道自己身在野芳亭上，卻彷彿置身
　於兜率天中。恍然：彷彿。宋韓駒〈題畫太一眞人〉：「恍然坐我水仙府，
　蒼煙萬頃波粼粼。」兜率天：妙足、知足。梵語 Tusita 的音譯。欲界六天
　之一。此天一晝夜相當於人間四百年。住此的天人澈體光明，但未斷欲，
　故仍屬欲界。大乘佛教認爲，此天有內院和外院，外院是欲界天，爲天上
　眾生所居之處，內院則是彌勒居住的淨土，爲彌勒信仰者追求的往生去處。
　五代齊己〈題東林白蓮〉：「大士生兜率，空池滿白蓮。」

六十九、〈清平樂〉

　　古齋約余遊山，而因循①不果，用韻戲作二首，一以促其期，一以道其
山中之興以動之。
　　　山靈久望。要看遊山狀②。酒榼詩囊空放蕩③。不肯凌風直上④。　　快
　　教去結山庵。安排暮歷朝探⑤。整頓衰年杖屨，並君飛出危嵐⑥。

【箋注】

①因循：延宕、拖延。宋司馬光〈答胡寺丞書〉：「京師日困俗事，因循逾年，
　尚未報謝。」

②山靈久望。要看遊山狀：連山神都盼望了很久，等待我們去賞遊山中之景。
　山靈：山神。漢班固〈東都賦〉：「山靈護野，屬御方神。」

③酒榼詩囊空放蕩：帶著酒器和存放詩稿的袋子，不受約束。放蕩：放縱、
　不受約束。宋蘇軾〈謝王內翰啓〉：「欲求偶儻超拔之才，則懼其放蕩而至
　於無度。」

④不肯凌風直上：卻不願乘著風一路攀登上去。凌風：駕著風。唐韓愈〈鳴
　雁〉：「違憂懷息性匪他，凌風一舉君謂何。」

⑤快教去結山庵。安排暮歷朝探：趕快去邀請寺院裡的僧人，在早晨或傍晚
　帶領我們遊山。

⑥整頓衰年杖屨，並君飛出危嵐：整理收拾老年用的手杖和鞋子，和你一同
　穿過山中的層層煙霧。

七十、〈清平樂〉

繁華敢望。自喜清貧狀①。老屋三間空蕩蕩。幾冊閒書架上②。　　客來或問中庵。平生虎穴曾探③。隱几悠然不答，窗間笑指山嵐④。

【箋注】

① 繁華敢望。自喜清貧狀：不貪榮華富貴、自甘清貧的志向。

② 老屋三間空蕩蕩。幾冊閒書架上：老舊的屋裡，空蕩一無所有，架上只有幾本供人消遣的書。這裡具體描述了清貧的生活境況，及嗜讀書的精神境界。閒書：供人消遣的書。舊時常指經史典籍以外的野史、筆記、小說、戲曲等。南唐李建勛〈春雨〉之二：「唯稱乖慵多睡者，俺門中酒覽閒書。」

③ 客來或問中庵。平生虎穴曾探：有客人問道，像您這樣安貧的老人，一生可曾經歷險惡的遭遇？或為客人明知故問，暗指當年曾和權臣桑哥鬥爭事，何以如今淡泊安貧，不似往昔。虎穴：虎所居的洞穴。比喻極危險的地方。北周庾信〈周大將軍襄城公鄭偉墓誌銘〉：「探虎穴而揮戈，上魚門而懸胄。」

④ 隱几悠然不答，窗間笑指山嵐：倚靠在几案上，態度閒適淡泊，不正面迎答，反而笑著指向窗外山中的朦朧霧氣，讓客人自行體會箇中奧妙。隱几：倚靠几案，伏在几案上。宋陸游〈秋日焚香讀書戲作〉：「世事無端自糾紛，放翁隱几對爐熏。」

七十一、〈清平樂〉　　此篇促遊山

今晨過望。盡得山形狀①。石險路危心欲蕩②。手撥白雲又上③。　　半空仰見仙庵。山靈許我高探。倦處旋傾春酒，不愁冒雨衝嵐④。

【箋注】

① 今晨過望。盡得山形狀：今天早晨能夠盡覽山的形貌，超出了原本的期望。過望：超出原本預期的很多。宋陳亮〈與韓無咎尚書〉：「是以冒昧請謁，而尚書撫存教誡若素出門下者，幸其過望。」

② 石險路危心欲蕩：形容山路崎嶇難行，心驚震蕩。

③ **手撥白雲又上**：喻不畏山行險阻，層層突圍前行。

④ **倦處旋傾春酒，不愁冒雨衝嵐**：疲倦的時候就倒一杯春酒來喝，不憂愁頭頂著雨，穿過山間的層層霧氣。旋：立刻、很快的。唐岑參〈走馬川行奉送出師西征〉：「馬毛帶雪汗氣蒸，五花連錢旋作冰。」

七十二、〈清平樂〉　　又次前韻

　　相親相望。兩箇哦詩狀。坐即堆𨙨行曠蕩①。怎著麒麟閣上。　　風巖水穴雲庵②。非君與我誰探。好興最難忘處，半山斜日濃嵐③。

【箋注】

① **坐即堆𨙨行曠蕩**：坐著休息感到困頓，起身健行則心胸曠達、氣度開闊。堆𨙨：困頓貌。宋歐陽修〈清明前一日因書所見奉呈聖俞〉：「三日不出門，堆𨙨類寒鴉。」曠蕩：氣度開闊、性格豪放。三國魏陳琳〈檄吳將校部曲文〉：「聖朝開弘曠蕩，重惜民命。」

② **風巖水穴雲庵**：傳來風聲的洞穴，流過溪水的洞窟，還有建造在山上的房舍。雲庵：建造在高山頂上的房舍。唐陸龜蒙〈秋日遣懷十六韻寄道侶〉：「藥鼎高低鑄，雲庵早晚苫。」

③ **好興最難忘處，半山斜日濃嵐**：最令人難以忘懷、興致正好的地方，就在那傍晚夕陽斜照的半山腰上，布滿了濃厚的霧氣。

七十三、〈清平樂〉　　又次前韻

　　功名休望。且看龍鍾狀①。身是龍鍾心坦蕩。大吉宜稱上上②。　　如今已結幽庵。溪山好處須探。料得山風知我，隔林吹下飛嵐③。

【箋注】

① **功名休望。且看龍鍾狀**：外表已經衰老年邁，不要再去營求功業名聲。

② **身是龍鍾心坦蕩。大吉宜稱上上**：外表雖老邁，但胸襟開闊、心地純潔。這是最上等吉利的境界。

③料得山風知我，隔林吹下飛嵐：估計那從山上吹來的風了解我的心意，特地隔著樹林吹來流動的煙嵐。

七十四、〈清平樂〉　　又次前韻

　　東皋晚望。盡了溪山狀①。一似龍湫浮鴈蕩②。人在營丘畫上③。　　中間小小吾庵。君來共此奇探。啼鳥一聲飛去，落花點破層嵐④。

【箋注】

① 東皋晚望。盡了溪山狀：傍晚時分望向水邊高地，溪山美景盡收眼底。東皋：水邊向陽高地。多指歸隱後的耕地。三國魏阮籍〈辭蔣太尉辟命奏記〉：「方將耕於東皋之陽，輸黍稷之稅，以避當塗者之路。」

② 一似龍湫浮鴈蕩：彷彿鴈蕩山上懸掛著龍湫飛瀑。龍湫：上有懸瀑，下有深潭謂之龍湫。此指瀑布名，在浙江鴈蕩山。前蜀貫休〈無題〉：「雁蕩經行雲漠漠，龍湫宴坐雨濛濛。」鴈蕩：山名。位於浙江省樂清縣東九十里，盤曲數百里，風景甚佳，絕頂有湖，因雁春歸過宿其中而得名。

③ 人在營丘畫上：又像置身在宋代李成的山水畫中。營丘：指宋畫家李成。成，營丘人，以山水畫知名。宋陸游〈舍北晚眺〉之一：「樊川詩句營丘畫，盡在先生拄杖邊。」

④ 啼鳥一聲飛去，落花點破層嵐：鳥兒啼叫一聲飛去，繽紛的落花使得重山煙霧更添美感。點破：改變原來的狀況。宋石孝友〈減字木蘭花·贈何藻〉：「小小新荷，點破清光景趣多。」層嵐：指重山疊嶺中的霧氣。宋朱熹〈題囊山寺〉：「雲海近蒼茫，層嵐擁深翠。」

七十五、〈清平樂〉　　又次前韻

　　悠揚酒望。點綴春情狀①。雲氣欲酣花氣蕩②。語燕啼鶯下上③。　　水邊柳閣松庵。遙遙眼力先探④。一陣山風雨過，馬頭日腳烘嵐⑤。

【箋注】

① 悠揚酒望。點綴春情狀：酒簾子隨風飄揚，襯托春日的情景，使景致更加

美好。**酒望**：亦作「酒望子」。指古代酒店的招牌，即酒帘。用布條綴於竿頂，懸在店門前，以招徠客人。宋朱翌《猗覺寮雜記》卷下：「酒家揭帘，俗謂之酒望子。」

②**雲氣欲酣花氣蕩**：雲霧使人感覺清爽，花的香氣四處飄蕩。**雲氣**：雲霧、霧氣。宋陳與義〈出山道中〉：「雨歇澹春曉，雲氣山腰流。」**花氣**：花的香氣。唐賈至〈對酒曲〉之一：「曲水浮花氣，流風散舞衣。」

③**語燕啼鶯下上**：鶯燕高低飛翔，呢喃鳴聲不絕於耳。**下上**：從高處到低處，又從低處到高處。南朝梁何遜〈七召〉：「君隱磷而出沒，望嶔岑而下上。」

④**遙遙眼力先探**：先用眼力探看遠方。**遙遙**：長遠的距離。晉陶潛〈歸去來辭〉：「舟遙遙以輕颺，風飄飄而吹衣。」

⑤**一陣山風雨過，馬頭日腳烘嵐**：一陣風雨過後，碼頭邊，日光穿過雲隙，烘襯煙嵐霧氣。**馬頭**：舊時水岸泊舟、商船聚會的地方，即碼頭。宋梅堯臣〈次韻和馬都官宛溪浮橋〉：「馬頭分朱欄，水底裁碧天。」**日腳**：從雲縫射下的日光。唐岑參〈送李司諫歸京〉：「雨過風頭黑，雲開日腳黃。」

七十六、〈破陣子〉

梓慶齋戒入山林，見成鐻，乃加削焉，而鐻成若神①。莊周謂為以天合天②，蓋材之生，蟠錯曲直，莫不有自然之質③。制器者因其質之自然，用其巧而不以巧自私，則巧存而器全④，是之謂以天合天者歟。今之杖有韻書所謂老人杖者，著橫握焉，枘鑿⑤而膠之至密也。然未幾何，以扤捝⑥棄者恆十七八。僉衛友竹劉君獨能得成杖，時削而出之，人直以為枘鑿之妙，而莫知得梓慶之道也。吁！世之言工拙何如哉。解秘書安卿⑦得是杖，因古齋乃輟以見寄，把玩扶攜，深愜病軀⑧，作樂府〈破陣子〉謝之。

盡道十分意巧，不知一段天成⑨。捉得山中獨腳鬼，變作人間有尾丁⑩。奇哉見未曾。　　說破何愁脫牡，把來真是持平⑪。得力最宜高處柱，行倦還堪立地憑⑫。衰年吾友生。

【箋注】

①**鐻成若神**：形容鬼斧神工的技藝。**鐻**：樂器名。形似鐘，初為木製，後改

為銅製。典見《莊子‧達生》：「梓慶削木為鐻，鐻成，見者驚猶鬼神。」

②以天合天：按照大自然的本性和規律去改造，不以人滅天。莊子肯定自然界的生命和人無異，都是依照自己的本性來生存，在改造的過程中，必須依乎天理、因其固然。這是道家和諧自然觀的實現。

③蟠錯曲直，莫不有自然之質：盤曲交錯，彎曲挺直，無不符合天然的質性。蟠錯：盤曲交錯。《北史‧隋房陵王勇傳》：「勇嘗於仁壽宮參起居還，塗中見一枯槐樹，根幹蟠錯，大且五六圍。」

④用其巧而不以巧自私，則巧存而器全：利用其技藝，卻不佔為己有，那麼技巧能完整呈現，而器物也能保全自然本性。

⑤枘鑿：榫頭和卯眼。語本戰國宋玉〈九辯〉：「圓枘而方鑿兮，吾固知其鉏鋙而難入。」器物上的榫頭為方、卯眼為圓，或榫頭為圓、卯眼為方則無法接合。故以枘鑿比喻互相抵觸而不相容。宋葉適〈賀葉丞相〉：「蓋上之相信，無枘鑿之乖；故己得專行，有符節之合。」

⑥扤隉：同「扤陧」。不安、困厄。唐陸贄〈收河中後請罷兵兵狀〉：「邦國之扤陧艱屯，綿綿聯聯，若包桑綴旒。」

⑦解祕書安卿：解節亨，字安卿，號東菴，渤海人。至元二十二年（1285）由近侍屬出為濟南路錄事，轉德州判官，歷光祿寺主事，大德丙午（1306）陞集賢院都事，至大元年（1308）遷秘書監著作郎，歷陞秘書監丞、秘書少監，除翰林侍講學士，致仕歸。

⑧把玩扶攜，深愜病軀：把它放在手中賞玩，扶持攜帶，感覺很適合我這個抱病的身軀。愜：合適。唐張九齡〈請御注道德經及疏施行狀〉：「詞約而理豐，文省而事愜。」病軀：抱病之身。宋歐陽修〈送張屯田歸洛歌〉：「季秋九月予喪婦，十月厭厭成病軀。」

⑨盡道十分意巧，不知一段天成：工匠的技藝十分巧妙，不知是如何將木杖順其天然刻成的。意巧：謂運用心意所得的善巧。《晉書‧索靖傳》：「又作〈草書狀〉，其辭曰：『聖皇御世，隨時之宜。倉頡既生，書契是為。科斗鳥篆，類物象形。叡哲變通，意巧茲生。損之隸草，以崇簡易。』」天成：謂合於自然，自然而成。《宋書‧謝靈運傳論》：「至於高言妙句，音韻天成，皆暗與理合，匪由思至。」

⑩ 捉得山中獨腳鬼，變作人間有尾丁：比喻在山中取得稀有之木材，經過加工削刻，變成細長的柺杖。

⑪ 說破何愁脫牡，把來眞是持平：說出實情，何必擔憂木杖突起處脫落，它握起來眞是平穩。牡：指器物凸起部分。

⑫ 得力最宜高處杜，行倦還堪立地憑：最適合在登高時拄杖前行，如果走累了也能在原地站立休息，靠著木杖的力量支撐著。得力：得其助力。《史記‧貨殖列傳》：「桀黠奴，人之所患也，惟刀閒收取，使之逐漁鹽商賈之利，或連軍騎，交守相，然愈益任之。終得其力，起富數千萬。」立地：站立著。宋無名氏〈步蟾宮〉：「夜深著緉小鞋兒，斜靠著屏風立地。」

七十七、〈破陣子〉　野亭遣興①

老眼偏宜大字，白頭好映烏紗②。詩不求奇聊遣興，酒但成醺也勝茶。出家元在家③。　　野水傍邊種竹，草亭直下栽花④。拙婦善供無米粥，稚子能描枯樹槎⑤。無涯還有涯⑥。

【箋注】

① 遣興：抒發情懷，解悶散心。唐杜甫〈可惜〉：「寬心應是酒，遣興莫過詩。」

② 老眼偏宜大字，白頭好映烏紗：老眼昏花，只看得見大大的字體，我滿頭白髮，還戴著烏紗帽。烏紗：古代官員所戴的帽子，借指官位。金史旭〈梨花〉：「今日傳觴似年少，一枝香雪上烏紗。」

③ 出家元在家：謂不出家而潔身修行佛道。元：本來；向來；原來。唐王魯復〈詣李侍郎〉：「文字元無底，功夫轉到難。」在家：謂不離開家庭去做僧尼道士等，相對「出家」而言。唐皇甫冉〈送從姪栖閑律師〉：「能知出世法，詎有在家心？」

④ 野水傍邊種竹，草亭直下栽花：在野外的水流附近種植綠竹，在亭子下面栽種花朵。野水：野外的水流。唐韓愈〈宿神龜招李二十八馮十七〉：「荒山野水照斜暉，啄雪寒鴉趁始飛。」直下：下面，底下。唐白居易〈海漫漫〉：「海漫漫，直下無底旁無邊。」

⑤ 拙婦善供無米粥，稚子能描枯樹槎：我的妻子擅長料理無米粥，我的孩子

能描繪乾枯的樹枝。拙婦：稱自己妻子的謙詞。槎：樹的杈枝。唐盧照鄰〈行路難〉：「君不見長安城北渭橋邊，枯木橫槎臥古田。」

⑥無涯還有涯：無邊際外還是有邊際。

七十八、〈減字木蘭花〉　　有懷濼源①勝槩樓舊遊

江山勝槩②。天與飛樓供眼界③。上得樓頭。銷盡人間萬古愁④。　　十年京國。兩鬢黃塵歸未得⑤。捲地泉聲⑥。辜負憑欄帶月聽⑦。

【箋注】

① 濼源：古水名。源出今山東省濟南市西南，北流入古濟水，此段濟水即今黃河。

② 勝槩：亦作「勝概」。美好的景物或境況。唐岑參〈輦北秋興寄崔明允〉：「勝概日相與，思君心鬱陶。」

③ 天與飛樓供眼界：謂目力所及盡是廣闊的天空和高樓。眼界：目力所及的範圍。引申指見識的廣度。唐王維〈青龍寺曇壁上人兄院集〉：「眼界今無染，心空安可迷。」

④ 上得樓頭。銷盡人間萬古愁：站在樓上，就能消除人間長久以來的愁緒。樓頭：樓上。唐王昌齡〈青樓曲〉之一：「樓頭小婦鳴箏坐，遙見飛塵入建章。」

⑤ 十年京國，兩鬢黃塵歸未得：意謂京城任官十年，經歷許多世事，年老歸鄉時卻覺人生到頭來如夢一場。京國：京城；國都。三國魏曹植〈王仲宣誄〉：「我公實嘉，表揚京國。」

⑥ 捲地泉聲：泉水的聲音貼地而來，聲勢浩大。捲地：謂貼著地面迅猛向前推進。宋范成大〈次韻知郡安撫九日南樓宴集〉之二：「碧城香霧連天暝，黃葉霜風捲地涼。」

⑦ 辜負憑欄帶月聽：有愧於倚在欄杆上，披一身淡淡月色，聽泉流的聲音。帶月：披戴月色。晉陶潛〈歸園田居〉之三：「晨興理荒穢，帶月荷鋤歸。」

七十九、〈減字木蘭花〉

王彥博尚書由刑部遷禮部之明日，乃其壽旦，戲以小詞爲賀。

年時壽酒。共喜秋卿新拜後①。壽酒今朝。道改春闈是昨宵②。　　官隨福轉。一到生辰須一換。看取明年。鳳詔迎來醉壽筵③。

【編年】

「王彥博尚書由刑部遷禮部」句，按《元史‧王約傳》載：「（至元）三十一年（1294），遷中書右司員外郎。四月，成宗即位，言二十二事……調兵部郎中，改禮部郎中。」故本首詞約當作於至元三十一年或稍晚，時劉敏中年五十二。

【箋注】

①年時壽酒。共喜秋卿新拜後：當年爲你舉辦酒筵祝壽，並恭賀你出任刑部。

　　年時：當年、昔日。唐盧殷〈雨霽登北岸寄友人〉：「憶得年時馮翊部，謝郎相引上樓頭。」秋卿：周禮以秋官司寇掌刑獄，後世因稱刑部長官爲秋卿。唐劉禹錫〈答白刑部聞新蟬〉：「何事秋卿詠，逢時亦悄然。」

②壽酒今朝。道改春闈是昨宵：今日以酒賀壽，又聽聞昨夜你榮升禮部一職。春闈：唐宋禮部試士和明清京城會試，均在春季舉行，故稱春闈。猶春試。唐李中〈送相里秀才之匡山國子監〉：「業成早赴春闈約，要使嘉名海內聞。」

③看取明年。鳳詔迎來醉壽筵：且看明年，還會有皇帝頒佈的詔書，到時我們在壽筵上喝酒慶祝，大醉一番。鳳詔：即詔書，皇帝頒發的命令。唐李商隱〈夢令狐學士〉：「右銀臺路雪三尺，鳳詔裁成當直歸。」

八十、〈滿庭芳〉　　壽何聰山平章

經濟才難，升平事了，喜公親見唐虞①。精神如畫，風節凜雲衢②。回首巖巖鉅望，更須問、山斗何如③。還知否，三朝舊德，眷倚在吁俞④。

　　高情誰得似，詩中元亮，易裏堯夫⑤。便蕭然忘卻，玉帶金魚⑥。此意君恩亦許，三二日、一到中書。公無倦，長開壽域，四海一蓬壺⑦。

【箋注】

① 經濟才難，升平事了，喜公親見唐虞：何公擁有經世治國的才能，使今日天下太平，眞心爲你感到歡喜。**經濟**：經世濟民。《五代史平話・周史》卷上：「吾負經濟之才，爲庸人謀事，一死固自甘心。」**升平**：太平。宋朱淑眞〈元夜〉之一：「一片笑聲連鼓吹，六街燈火麗升平。」**唐虞**：唐堯與虞舜的並稱。指堯與舜的時代，古人以爲太平盛世。宋劉過〈沁園春・壽〉：「平章處，看人如伊呂，世似唐虞。」

② 精神如畫，風節凜雲衢：風采神韻如圖畫一般，風骨節操亦高比雲天，令人敬重。**精神**：風采神韻。宋周美成〈燭影搖紅〉：「風流天付與精神，全在嬌波眼。」**雲衢**：雲中的道路。《樂府詩集・相和歌辭・豔歌》：「今日樂上樂，相從步雲衢。天公出美酒，河伯出鯉魚。」

③ 回首巖巖鉅望，更須問、山斗何如：回想你出身望族，萬眾景仰，更要問近況如何。**巖巖**：高大；高聳。晉潘岳〈懷歸賦〉：「巖巖雙表，列列行楸。」**鉅望**：猶巨族、望族。**山斗**：泰山、北斗的合稱，喻負有盛望或學術高深，爲人所景仰的人。語出《新唐書・韓愈傳贊》：「自愈沒，其言不行，學者仰之如泰山、北斗云。」此用於敬稱對方。宋辛棄疾〈水龍吟・甲辰歲壽韓南澗尚書〉：「況有文章山斗，對桐陰、滿庭清晝。」

④ 還知否，三朝舊德，睠倚在吁俞：還記得你歷事三朝，是位德高望重、備受朝廷倚重的老臣。**舊德**：指德高望重的老臣。漢蔡邕〈焦君贊〉：「惜哉朝廷，喪茲舊德，恨以學士，將何法則。」**睠倚**：亦作「眷倚」。寵愛並倚重。《新唐書・裴寬傳》：「會河北部將入朝，盛譽寬政，且言華虜猶思之。帝嗟賞，睠倚加厚。」**吁俞**：「吁咈都俞」的省稱。《尙書・堯典》：「帝曰：『吁！咈哉！』」又《益稷》：「禹曰：『都！帝，愼乃在位。』帝曰：『俞！』」吁，不同意；咈，反對；都，讚美；俞，同意。本以表示堯、舜、禹等討論政事時發言的語氣，後用以讚美君臣間論政之和洽。宋蘇軾〈刑賞忠厚之至論〉：「故其吁俞之聲，歡忻慘戚，見於虞、夏、商、周之書。」

⑤ 高情誰得似，詩中元亮，易裏堯夫：有誰像您這樣超然物外，擁有高尚的情懷呢！您就像晉隱逸詩人陶淵明、宋理學家邵雍一樣令人崇仰。**得似**：怎似、何如。五代齊己〈寄湘幕王重書記〉：「可能有事關心後，得似無人識面時？」**元亮**：晉詩人陶潛字元亮，曾任彭澤令，因不願爲五斗米折腰

而歸隱。後常用爲隱居不仕的典實。宋范成大〈次韻徐廷獻機宜送自釀石室酒〉之一：「元亮折腰嘻已久，故山應有欲蕪田。」**堯夫**：邵雍（1011～1077），字堯夫，宋范陽（今河北省涿縣人）。精先天象數之學。寓洛四十年，稱所居爲「安樂窩」，卒諡康節。著有《先天圖》、《皇極經世》、《漁樵問答》、《伊川擊壤集》等。

⑥ **便蕭然忘卻，玉帶金魚**：形容一派瀟灑、悠閒，將高官名祿置身於外。

⑦ **公無倦，長開壽域，四海一蓬壺**：願你不懈怠於政事，長命百歲，永治太平盛世，使得天下安和，如同棲身蓬萊仙山。**壽域**：謂人人得盡天年的太平盛世。語出《漢書·禮樂志》：「願與大臣延及儒生，述舊禮，明王制，驅一世之民，濟之仁壽之域，則俗何以不若成康？壽何以不若高宗？」唐杜牧〈郡齋獨酌〉：「生人但眠食，壽域富農桑。」

八十一、〈滿庭芳〉　二舅魏知房戍沂州，見示此詞，因次韻

　　鞍馬雄豪，搢紳馳驟，幾年都付尋常①。邊城歲晚，蓮幕錦生光②。得意尊前一笑，遄衝具、威凜秋霜③。人誰似，胸懷豁落，溫雅更文章④。　　從軍真樂事，功名那問，故國他鄉。笑熊非渭水⑤，龍臥南陽⑥。從此鵬程高舉，快天風、萬里無妨。回首悵，窮途狂客，搖蕩嘆行藏⑦。

【箋注】

① **鞍馬雄豪，搢紳馳驟，幾年都付尋常**：戰鬥生涯雄壯豪放，豪傑官宦用多年的青春歲月貢獻才能抱負。**搢紳**：插笏於紳。紳，古代仕宦者和儒者圍於腰際的大帶。後用爲官宦或儒者的代稱。唐權德輿〈知非〉：「名教自可樂，搢紳貴行道。」**馳驟**：施展才能、效力。宋曾鞏〈虞部郎中戚公墓誌銘〉：「至恭讓質直，不能馳驟，而遇困躓者，獨不可稱數。」**尋常**：比喻長或多。晉葛洪《抱朴子·廣譬》：「毫釐磋于機，則尋常違于的。」

② **邊城歲晚，蓮幕錦生光**：靠近國界的城市，又到了歲暮時分，官署裡的錦緞發出光輝。**邊城**：指靠近國界的城市。唐杜甫〈送高三十五書記十五韻〉：「邊城有餘力，早寄從軍詩。」**蓮幕**：南齊王儉在高帝時當衛將軍，居宰相職，官高德重，其僚屬多碩學名士。時人把他的官署比作蓮花池，入王儉幕府爲入蓮幕。典見《南史·庾杲之傳》。後用以稱美大官的幕府。唐李商隱〈自

桂林奉使江陵寄獻尚書〉：「下客依蓮幕，明公念竹林。」

③ 得意尊前一笑，遏衝具威凜秋霜：在酒筵上歡欣喜悅，遠征邦國時則威勢盛大。遏衝：亦作「遏沖」。千里之外故國之衝車。引申爲遠方邦國間的衝突。《後漢書‧馬融傳》：「蓋安不忘危，治不忘亂，道在乎茲，斯固帝王之所以曜神武而折遏衝者也。」秋霜：比喻威勢盛大。漢荀悅《申鑑‧雜言上》：「喜如春陽，怒如秋霜。」

④ 人誰似，胸懷豁落，溫雅更文章：有誰像您的胸襟一樣豁達大方，文采也如其人般溫和高雅。豁落：豁達大方。唐孟棨《本事詩‧情感》：「韓以李豁落大丈夫，故常不逆。」溫雅：溫和高雅。晉袁宏〈三國名臣序贊〉：「郎中溫雅，器識純素。」

⑤ 熊非渭水：用姜太公典故。周文王外出打獵，行前占卜，卜辭曰「非龍非麗，非熊非羆，所獲者霸王之輔」。後果於渭水邊遇見姜子牙，文王遂拜而爲師，成爲西周建國的名臣。見《史記‧齊太公世家》。

⑥ 龍臥南陽：此指三國諸葛亮。《三國志‧蜀書‧諸葛亮傳》：「時先主屯新野。徐庶見先主，先主器之，謂先主曰：『諸葛孔明者，臥龍也，將軍豈願見之乎？』先主曰：『君與俱來。』庶曰：『此人可就見，不可屈致也。將軍宜枉駕顧之。』由是先主遂詣亮，凡三往，乃見。」南陽：郡名。秦置，包有河南省舊南陽府和湖北省舊襄陽府。《三國志‧蜀志‧諸葛亮傳》：「臣本布衣，躬耕於南陽，苟全性命於亂世，不求聞達於諸侯。」

⑦ 回首悵，窮途狂客，搖蕩嘆行藏：回想時則悵然感嘆，一生放蕩不羈、處境困窘，行跡晃蕩不安。搖蕩：搖動晃蕩、動蕩不安。《史記‧萬石君傳》：「倉廩既空，民貧流亡，而君欲請徙之，搖蕩不安，動危之，而辭位，君欲安歸難乎？」

八十二、〈蝶戀花〉　曉至野亭

臨水衰葵欹欲倒①。三兩幽花，更比初開好。何處飛來金鳳小②。碧筵開徹忘憂草③。　　月桂新栽枝葉少。一朵妖紅，點破江煙曉④。最愛牽牛隨意繞。回欄青錦遮圍了⑤。

【箋注】

①**臨水衰葵欹欲倒**：水邊衰老的葵花看起來傾斜欲倒的樣子。

②**何處飛來金鳳小**：從那裡飛來小小的金色花朵。金鳳：鳳仙花的別稱。宋楊萬里〈金鳳花〉：「細看金鳳小花叢，費盡司花染作工。」

③**碧筵開徹忘憂草**：青草綿延如青綠色的筵席，上面長滿了忘憂草。忘憂草：萱草的別名。俗稱金針菜、黃花菜，多年生宿根草木，其根肥大。葉叢生，狹長，背後有棱脊。花漏斗狀，橘黃色或桔紅色，無香氣，可作蔬菜，或供觀賞。根可入藥。古人以爲種植此草，可以使人忘憂。宋陳師道〈萱草〉：「喚作忘憂草，相看萬事休。」

④**一朵妖紅，點破江煙曉**：化用宋辛棄疾〈滿江紅·山居即事〉：「幾個輕鷗，來點破一泓澄綠。」形容一朵妖豔的紅花，在早晨迷濛的江霧裡顯得突出亮眼。

⑤**四欄青錦遮圍了**：周圍的欄杆上都爬滿了青苔。青錦：喻青苔。色如錦緞，故喻。唐李白〈同族侄評事黯遊昌禪師山池〉之二：「片石寒青錦，疏楊挂綠絲。」

八十三、〈**蝶戀花**〉　　雲卿寄長短句徵無名亭記，戲用其韻以答之

　　忽得新詞深自愧。欲記無名，未見無名例。自古求名今卻避。不知誰與君同議①。　　　且晝行爲昏暮睡。我自無心，何物能吾累②。若道無名名可棄③。無名名處曾留意④。

【校勘】

〔戲用其韻以答之〕：清文淵閣《四庫全書》無「以」字。

〔若道〕：清文淵閣《四庫全書》作「若遣」。

〔無名名處〕：清文淵閣《四庫全書》作「無無名處」。

【箋注】

①**同議**：一同商議。《宋史·職官志一》：「開寶六年，始詔居正、餘慶於都堂與宰相同議政事。」

②**我自無心，何物能吾累**：我的心中沒有偏見，外物也就無法牽累於我。無

心：沒有成見。宋周煇《清波別志》卷上：「朕以無心處之，無心則明，無心則不偏，無心則不私。」

③ **若道無名名可棄**：意謂亭子既然稱為無名，那麼外在的虛名也就不是那麼重要了。

④ **無名名處曾留意**：「無名」這個稱號，本身就是關注其名所得來的。

八十四、〈蝶戀花〉　　次韻答魏鵬舉①

五日祥風十日雨。國泰年豐，天也應相許。見說少年行樂處。青樓宛轉低瓊戶②。　　城市笙簫村社鼓。何礙狂夫，醉裏閒詩句③。明日南山攜酒去。共君一笑雲間語④。

【箋注】

① **魏鵬舉**：魏有翼，字鵬舉，海州人，為劉敏中之表兄。曾充奧魯萬戶府掾、由烏江簿入臨京倉。至元二十九年（1292）任鎮江路判官，元貞二年（1296）得代。

② **青樓宛轉低瓊戶**：青樓女子的聲音悅耳動人，低低傳入華美的窗戶。宛轉：形容聲音抑揚動聽。宋陳恕可〈齊天樂・蟬〉：「琴絲宛轉，閒坐弄參差。」

③ **何礙狂夫，醉裏閒詩句**：對放蕩不羈的人有何妨礙，酒醉時便作幾首閒適的詩句。

④ **共君一笑雲間語**：和你一同徜徉在自然中談笑。雲間：很高很遠的地方。這裡有遠離塵世的意思。宋蘇軾〈滿江紅〉：「君不見〈周南〉歌〈漢廣〉，天教夫子休喬木。便相將、左手抱琴書，雲間宿。」

八十五、〈蝶戀花〉　　又次前韻

簾底青燈簾外雨①。酒醒更闌，寂寞情何許②。腸斷南園回首處③。月明花影閉朱戶。　　聽徹樓頭三疊鼓④。題遍雲牋，總是傷心句⑤。咫尺巫山無路去⑥。浪憑青鳥丁寧語⑦。

【箋注】

①簾底青燈簾外雨：簾內點著光線青熒的油燈，簾外下著淒清的雨。形容孤
　寂、清苦的生活。

②酒醒更闌，寂寞情何許：酒醒之後，更深夜殘，孤獨的情緒又是如何。
　更闌：更深夜殘。宋劉克莊〈軍中樂〉：「更闌酒醒山月落，綵縑百段支
　女樂。」

③腸斷南園回首處：回想起南園的過往，不禁傷痛悲絕。南園：泛指園圃。
　唐柳宗元〈冉溪〉：「卻學壽張樊敬侯，種漆南園待成器。」

④聽徹樓頭三疊鼓：聽遍樓上敲過三回的鼓聲。三疊：猶三遍。宋梅堯臣〈初
　冬夜坐憶桐城山行〉：「書之空自知，城上鼓三疊。」

⑤題遍雲牋，總是傷心句：在雲牋上所題的詩句，總是流露出悲傷的情緒。
　雲牋：有雲狀花紋的紙。宋周邦彥〈蕙蘭芳引〉：「更花管雲牋，猶寫寄情
　舊曲。」

⑥咫尺巫山無路去：巫山近在眼前，卻沒有路徑可到達。形容兩人相見之難。
　巫山：戰國時楚懷王、襄王並傳有遊高唐、夢巫山神女薦寢事。五代馮延
　巳〈鵲踏枝〉之七：「心若垂楊千萬縷，水闊花飛，夢斷巫山路。」

⑦浪憑青鳥丁寧語：只能空憑傳說中的青鳥為我帶來你的消息。青鳥：神話
　傳說中為西王母取食傳信的神鳥。後以為信使的代稱。唐李商隱〈無題〉：
　「蓬山此去無多路，青鳥殷勤為探看。」丁寧：音訊、消息。這裡化用唐
　韓愈〈華山女〉：「仙梯難攀俗緣重，浪憑青鳥通丁寧」。

八十六、〈蝶戀花〉

　　文卿良友，素守確然，迥拔流俗，世所難能也①。古人所謂振衣千仞岡，
濯足萬里流②者，子可以當之。崔生來辱手帖，歡感無已③，因憶往年壽吾子
樂章，用其韻以道其歆慕④之懷，且奉一笑云。

　　我似漏巵長不滿⑤。暮側朝翻，自笑天機淺。君似寶珠無可揀。暑天不熱
冬還煖。　　神欲逍遙心欲散。咫尺幽栖，回首雲霄遠⑥。千古風流嵇與
阮⑦。竹林不受黃塵管⑧。

【箋注】

① **文卿良友素守確然，迥拔流俗，世所難能也**：趙文卿是個操守端正、品格特出於世俗的人，是世間難能可貴者。**文卿**：即趙文卿，嘗爲提舉，有《嘉山詩卷》。劉敏中〈蝶戀花〉詞序云：「文卿良友，素守確然，迥拔流俗，世所難能也。」可略知其品格操守。**良友**：品行端正的朋友。《荀子‧性惡》：「夫人雖有性質美而心辯知，必將求賢師而事之，擇良友而友之。」**素守**：平素的操守。宋陸游〈東郊飲村酒大醉後作〉：「丈夫無苟求，君子有素守。」**確然**：剛強、堅定。《漢書‧師丹傳》：「關內侯師丹端誠於國，不顧患難，執忠節，據聖法，分明尊卑之制，確然有柱石之固。」**迥拔**：高超特出。唐元稹〈酬翰林白學士一百韻〉：「昔歲俱充賦，同年愈有司。八人稱迥拔，兩郡濫相知。」

② **振衣千仞岡，濯足萬里流**：形容品格高潔之士，不同於流俗。引用晉左思〈詠史〉之五：「皓天舒白日，靈景耀神州。列宅紫宮裏，飛宇若雲浮。峨峨高門內，藹藹皆王侯。自非攀龍客，何爲炎來游。被褐出閶闔，高步追許由。振衣千仞岡，濯足萬里流。」**振衣**：抖衣去塵，整衣。語見《楚辭‧漁父》：「新沐者必彈冠，新浴者必振衣。」晉陸機〈招隱〉：「明發心不夷，振衣聊躑躅。」**千仞**：形容極高或極深。古以八尺爲仞。晉司馬彪〈贈山濤〉：「上凌青雲霓，下臨千仞谷。」**濯足**：語出《孟子‧離婁上》：「滄浪之水清兮，可以濯我纓；滄浪之水濁兮，可以濯我足。」本謂洗去腳污。後以「濯足」比喻清除世塵，保持高潔。宋張孝祥〈水調歌頭‧泛湘江〉：「濯足夜灘急，晞髮北風涼。」

③ **崔生來辱手帖，歡感無已**：承蒙崔生送來您的書信，我的心中既充滿歡樂也覺得感傷。**辱**：謙詞。猶承蒙。漢司馬遷〈報任少卿書〉：「曩者辱賜書。」**手帖**：手寫的書信、文章之類。宋董逌《廣川書跋‧卷七‧虞世南別帖》：「虞伯施手帖，論儒學不使一日失業，恐子弟墜其家聲，且戒之使其不息也。」**歡感**：歡樂與感傷。《晉書‧涼武昭王李玄盛傳》：「利害繽紛以交錯，歡感循環而相求。」

④ **歆慕**：羨慕。《新唐書‧文藝傳中‧李適》：「帝有所感即賦詩，學士皆屬和。當時人所歆慕。」

⑤ **我似漏卮長不滿**：我像漏卮一樣，酒怎麼喝也喝不完。比喻酒量極大。**漏**

匜：亦作「漏匜」。底上有孔的酒器。唐邵謁〈秋夕〉：「惡命如漏匜，滴滴添不滿。」

⑥咫尺**幽栖**，回首雲霄遠：在不遠的幽僻處栖止，回頭看天際是如此高遠。

⑦千古風流**嵇與阮**：千古以來，瀟脫放逸的嵇康和阮籍，其流風遺韻仍留存人間。**嵇與阮**：三國魏嵇康與阮籍的並稱。兩人詩文齊名，皆以嗜酒、孤高不阿著稱。

⑧竹林不受黃塵管：竹林七賢並不受俗世的禮法所約束。**黃塵**：比喻世事、人事。宋陸游〈飯昭覺寺抵暮乃歸〉：「身墮黃塵每慨然，攜兒蕭散亦前緣。」

八十七、〈蝶戀花〉

益都馮寬甫①，號雪谷，嘗爲江南廉使，以臘茶②見貺。茶作方板，光如漆，香味不可言，誠佳品也。感荷③作長短句，寄之一笑。

帶上烏犀誰摘落④。方響勻排，不見朱絲約⑤。一箇拈來香滿閣。矮爐翻動松風壑⑥。　　幾日餘醒情味惡⑦。七盌何須，一啜都醒卻。兩腋清風無處著。夢尋盧老翔寥廓⑧。

【箋注】

①**馮寬甫**：號雪谷，歷浙東按察御史、江南廉使。

②**臘茶**：茶的一種。臘，取早春之義。以其汁泛乳色，與溶蠟相似，故也稱蠟茶。宋劉克莊〈浪淘沙〉：「老去淡生涯，虛擲年華，臘茶盃子太清些。」

③**感荷**：感謝。南朝宋鮑照〈拜侍郎上疏〉：「祇奉恩命，憂愧增灼，不勝感荷屏營之情。」

④**帶上烏犀誰摘落**：是誰摘下了約束衣服的烏犀。**帶**：用以約束衣服的狹長而扁平形狀的物品。古代多用皮革、金玉、犀角或絲織物製成。唐盧照鄰〈長安古意〉：「羅襦寶帶爲君解，燕歌趙舞爲君開。」**烏犀**：犀牛的一種。皮可爲甲，角可爲器具、飾物，又可入藥。亦指烏犀的角或其製品。五代和凝〈小重山〉之二：「烏犀白紵最相宜。精神出，御陌袖鞭垂。」

⑤方響勻排，不見朱絲約：茶磚如方響一般排列，沒有用紅色絲繩繫綁。
方響：古磬類打擊樂器。由十六枚大小相同、厚薄不一的長方鐵片組成，
分兩排懸於架上。用小鐵槌擊奏，聲音清濁不等。創始於南朝梁，爲隋
唐燕樂中常用樂器。唐牛殳〈方響歌〉：「樂中何樂偏堪賞，無過夜深聽
方響。」

⑥矮爐翻動松風墊：矮爐裡的茶葉在滾水中翻轉漂浮。松風：指茶。金董解
元《西廂記諸宮調》卷一：「紙窗兒明，僧房兒雅，一椀松風啜罷，兩箇傾
心地便說知心話。」

⑦幾日餘酲情味惡：幾天以來酒意未消，情趣憔悴。餘酲：猶宿醉。前蜀薛
昭蘊〈喜遷鶯〉：「乍無春睡有餘酲，杏苑雪初晴。」

⑧七盌何須，一啜都醒卻。兩腋清風無處著。夢尋盧老翔寥廓：何必喝到第
七碗，一口茶就足以使人清醒。茶葉甘美醇香，飲後如同兩腋有清風吹拂。
全身飄飄然，好像在寥廓的天空中飛翔。這裡化用唐盧仝〈走筆謝孟諫議
寄新茶〉：「五碗肌骨清，六碗通仙靈。七碗喫不得也，唯覺兩腋習習清風
生。」寥廓：寥廓的天空。宋楊萬里〈筠庵〉：「故老談李仙，昔日上寥廓。
隨身無長物，止跨一隻鶴。」

八十八、〈蝶戀花〉　　清和即事①

池館清和風色軟②。筍綠梅黃，細雨忙新燕。榴蕚尚含紅一半。荷錢亂疊
青猶淺③。　　心緒未炊腸已斷④。病損形骸，自是追陪懶⑤。一縷麝煙
斜作篆。日長慵把重簾捲。

【箋注】

①即事：以當前事物爲題材的詩。宋魏慶之《詩人玉屑‧命意‧陵陽謂須先
命意》：「凡作詩須命終篇之意，切勿以先得一句一聯，因而成章，如此則
意不多屬。然古人亦不免如此，如述懷、即事之類，皆先成詩，而後命題
者也。」

②池館清和風色軟：池苑館舍的天氣清朗溫和，景色柔美。風色：指風光、
景色。唐溫庭筠〈西洲曲〉：「西洲風色好，遙見武昌樓。」

③ **荷錢亂疊青猶淺**：初生的小荷葉疏疊雜長，顏色尚淺。荷錢：指初生的小荷葉。因其形如錢，故名。宋趙長卿〈朝中措‧首夏〉：「荷錢浮翠點前溪，梅雨日長時。」

④ **心緒未炊腸已斷**：心情尚未經過烹煮，卻已肝腸寸斷。形容極其傷心。炊：燒火煮熟食物。唐杜甫〈白水縣崔少甫十九翁高齋三十韻〉：「為我炊雕胡，逍遙展良覿。」

⑤ **病損形骸，自是追陪懶**：病痛損耗了身軀，自然是伴隨著慵懶的心情。追陪：追隨、伴隨。唐韓愈〈奉酬盧給事荷花行見寄〉：「上界真人足官府，豈如散仙鞭笞鸞鳳終日相追陪。」

八十九、〈蝶戀花〉　　次前韻，答智仲敬

多病多愁心性軟①。自上疏簾，怕隔雙飛燕②。夢覺綠窗花影畔③。起來翻喜茶甌淺④。　　香壓玉爐消欲斷。情緒厭厭，猶傍琴書懶。瞥見壁間蝸引篆⑤。急將山水圖兒捲。

【箋注】

① **多病多愁心性軟**：身體多病，內心憂愁，性格也變得無力懶怠。這裡化用自宋蘇軾〈醉落魄〉詞：「多病多愁，須信從來錯。」心性：性情、性格。宋柳永〈紅窗睡〉：「二年三睡同鴛寢，表溫柔心性。」

② **自上疏簾，怕隔雙飛燕**：捲上了窗簾，擔憂隔離了成對飛翔的燕子。疏簾：亦作「疎簾」。指稀疏的竹織窗帘。唐李商隱〈西亭〉：「此夜西亭月正圓，疏簾相伴宿風煙。」

③ **夢覺綠窗花影畔**：夢醒後看到窗邊一片草色，花影搖曳生姿。夢覺：猶夢醒。唐韓愈〈宿龍宮灘〉：「夢覺燈生暈，宵殘雨送涼。」

④ **起來翻喜茶甌淺**：起身後反而喜歡淺底的茶杯。甌：杯、碗之類的飲具。南唐李煜〈漁父〉：「花滿渚，酒滿甌。」

⑤ **瞥見壁間蝸引篆**：看見牆壁上有蝸牛爬行時的痕跡。蝸引篆：蝸牛爬行時留下的涎液痕跡，屈曲如篆文，故稱。宋毛滂〈玉樓春‧仆前年當重九〉：「泥銀四壁盤蝸篆，明月一庭秋滿院。」

九十、〈鵲橋仙〉　以紗巾竹扇爲趙文卿壽

飛雲半捲，烏紗一幅。扇影寒生湘竹①。雪鬚丹頰羽衣裳②，真箇是、神仙人物。　濁醪醉倒，清風睡足③。不識黃金滿屋④。野夫倦眼少曾開，爲吾子、狂歌一曲⑤。

【箋注】

① 扇影寒生湘竹：貧苦的書生手持羽扇，坐臥在湘竹旁。寒生：貧苦的讀書人。宋陸游〈與本路郡守啓〉：「某潦倒寒生，沉迷薄宦。」湘竹：植物名。皮有紫黑色的斑紋，莖可製成裝飾品、手杖、筆桿等。相傳舜死後，其二妃娥皇、女英因思帝傷痛，淚沾湘江畔上的竹子，使竹盡成斑。唐白居易〈江上送客〉：「杜鵑聲似哭，湘竹斑如血。」

② 雪鬚丹頰羽衣裳：雪白的鬍子，潤紅的氣色，身著輕盈的羽衣。形容仙風道骨的形貌。羽衣：輕盈的衣衫。這裡稱道士或神仙所著衣爲羽衣。三國魏曹植〈平陵東行〉：「閶闔開，天衢通，被我羽衣乘飛龍。」

③ 濁醪醉倒，清風睡足：喝了幾杯濁酒，便醉臥在微風之中。寫其不拘小節、性情天眞的一面。濁醪：濁酒。晉左思〈魏都賦〉：「清酤如濟，濁醪如河。」

④ 不識黃金滿屋：謂不慕榮利，不貪求富貴。黃金屋語見宋眞宗〈勸學篇〉：「富家不用買良田，書中自有千鍾粟；安居不必架高堂，書中自有黃金屋；娶妻莫恨無良媒，書中自有顏如玉。」

⑤ 野夫倦眼少曾開，爲吾子、狂歌一曲：我很少有欣賞的人物，但像你這般品格不俗的高人，卻是我想特別歌頌讚美的。倦眼：倦於閱視的或疲倦的眼睛。宋陸游〈效蜀人煎茶戲作長句〉：「巖電已能開倦眼，春雷不許殷枯腸。」

九十一、〈鵲橋仙〉　書合曲詩卷

無情枯竹，多情軟語①。誰按梨園新譜②。鄰舟餘韻遏雲聲，只認作、珠繩一縷③。　秦臺風物，當時幾許④。扇影春風解舞。客愁都向坐間空，問誰管、西窗夜雨⑤。

【箋注】

① 無情枯竹，多情軟語：乾枯的竹子沒有感情，卻能吹出柔和多情的聲音。
　　軟語：柔和而委婉的話語。宋史達祖〈雙雙燕〉：「還相雕梁藻井，又軟語
　　商量不定。」

② 誰按梨園新譜：感嘆而今誰還照著梨園的曲譜唱戲呢？梨園：原指唐玄宗
　　時教練宮廷歌舞藝人的地方，此為戲曲演唱。宋歐陽澈〈玉樓春〉：「興來
　　笑把朱絃促。切切含情聲斷續。曲中依約斷人腸，除卻梨園無此曲。」

③ 鄰舟餘韻遏雲聲，只認作、珠繩一縷：鄰近的船上傳來的音韻，十分響亮，
　　使雲朵停止不前，像是一線由珍珠串成的細繩，隱約而美好。餘韻：不盡
　　的韻致、韻味。宋張道洽〈詠梅〉：「老樹有餘韻，別花無此姿。」遏雲：
　　使雲停止不前。形容歌聲響亮動聽。語本《列子·湯問》：「薛譚學謳於秦
　　青，未窮青之技，自謂盡之，遂辭歸。秦青弗止。餞於郊衢，撫節悲歌，
　　聲振林木，響遏行雲。薛譚乃謝求反，終身不敢言歸。」唐許渾〈陪王尚
　　書泛舟蓮池〉：「舞疑回雪態，歌轉遏雲聲。」

④ 秦臺風物，當時幾許：當年善吹簫的蕭史和秦穆公之女弄玉所止的鳳臺上，
　　有多少的風光景物。風物：風光景物。宋張昇〈離亭燕〉：「一帶江山如畫，
　　風物向秋瀟灑。」

⑤ 客愁都向坐間空，問誰管、西窗夜雨：座席上的旅人沒有了懷鄉的愁思，
　　誰還關心那西窗下的夜雨？坐間：座席之中。宋何薳《春渚紀聞·端石蓮
　　叶研》：「余過嘉禾王悟靖處士，坐間有客懷出蓮葉研，端石也。」

九十二、〈鵲橋仙〉　　張古齋送古銅研滴①，書此為謝

　　烏瞻三足，蟾看膰腹②。矯首驚虯突兀③。走來便吸繡江波，卻只是、陶
　泓舊物④。　　玄卿如故，毛生未禿⑤。老楮猶堪一拂⑥。此時才氣鬭誰
　先，看箇箇、驪珠吐出⑦。

【箋注】

① 研滴：滴水入硯的工具，也稱「水注」。宋張邦基《墨莊漫錄》卷二：「禹
　　餘糧石，形似多怪，魂礨百出，或正類蝦蟆，中空藏白粉，去其粉，可貯

水作研滴。」

② 烏瞻三足，蟾看膰腹：形容文房用的水盂外觀，爲刻有神烏和蟾蜍形狀的器物。三足：古代傳說中的神烏。日中之三足烏。漢王充《論衡・說日》：「儒者曰：『日中有三足烏，月中有兔、蟾蜍。』」唐杜甫〈岳麓山道林二寺行〉：「蓮花交響共命鳥，金牓雙迴三足烏。」膰：古代祭祀用的熟肉。《左傳・成公十三年》：「祀有執膰，戎有受脤，神之大節也。」

③ 矯首驚虯突兀：昂首的無角龍顯得十分奇特。矯首：昂首、抬頭。金元好問〈出京〉：「矯首孤雲飛，西南路何永。」突兀：特出、奇特。唐施肩吾〈壯士行〉：「有時誤入千人叢，自覺一身橫突兀。」

④ 走來便吸繡江波，卻只是、陶泓舊物：來回挪動，便能吸走繡江的水，但它卻是陶製之硯，前人所遺留的物品。陶泓：陶製之硯。硯中有蓄水處，故稱。金龐鑄〈冬夜直宿省中〉：「陶泓面冷眞堪唾，毛穎頭尖漫費呵。」

⑤ 玄卿如故，毛生未禿：墨色還是和原來一樣，筆毛仍未光禿掉落。玄卿：即「陳玄」。墨的別稱。墨色黑，存放年代越陳越佳，故稱。典出唐韓愈〈毛穎傳〉：「穎與絳人陳玄、弘農陶泓及會稽褚先生友善，相推致，其出處必偕。」毛生：指「毛穎」，即毛筆。因唐韓愈作寓言〈毛穎傳〉以筆擬人，而得此稱。

⑥ 老楮猶堪一拂：老舊的紙張也還禁得起書寫。楮：植物名。桑科楮屬，落葉灌木。葉爲卵形或闊卵形，單性花，樹皮可爲造紙的原料。這裡代稱紙。宋蘇軾〈書鄢陵王主簿所畫折枝〉之二：「若人富天巧，春色入毫楮。」

⑦ 此時才氣鬥誰先，看箇箇、驪珠吐出：看看這時誰的才能爭先，能夠寫出珍貴的墨寶。驪珠：傳說出自驪龍頷下的寶珠，用以比喻珍貴的人或物。唐元稹〈贈童子郎〉：「楊公莫訝清無業，家有驪珠不復貧。」

九十三、〈鵲橋仙〉

至元甲申三月，余以宰相命市帛東路，將至獻州亭上，折梨花一枝，戲作長短句，書於驛壁。

黃塵古驛，荒園小樹①。幾朵晴雲自舞。慇懃馬上折來看，問過卻、行人幾許②。　　瓊苞半拆，檀心乍吐③。笑向春風不語。多情莫怪洗粧遲，

我也是、天涯逆旅④。

【編年】

「至元甲申」即元世祖二十一年（1284），時年四十二。

【箋注】

① 黃塵古驛，荒園小樹：在塵土彌漫中的古老驛站，荒廢的田園裡長著幾株幼小的樹。古驛：古老的驛站。唐王周〈宿疏陂驛〉：「誰知孤宦天涯意，微雨蕭蕭古驛中。」

② 慇懃馬上折來看，問過卻、行人幾許：人還在馬上，便急切地攀折梨花來欣賞。想問從前有多少行人也同樣經過此處。慇懃：亦作「殷勤」。急切、關注。三國魏曹操〈請追贈郭嘉封邑表〉：「賢君殷勤於清良，聖祖敦篤於明勳。」過卻：也作「過卻」。過去。南唐馮延巳〈思越人〉：「酒醒情懷惡，金縷褪玉肌如削。寒食過卻，海棠零落。」

③ 瓊苞半拆，檀心乍吐：形容梨花半開半吐的姿態。瓊苞：花苞的美稱。宋蔣捷〈白苧〉：「瓊苞未剖，早是東風作惡。」檀心：淺紅色的花蕊。宋蘇軾〈黃葵〉：「檀心自成暈，翠葉森有芒。」

④ 多情莫怪洗粧遲，我也是、天涯逆旅：多情人不要自責來不及梳洗打扮，因為我也是倉促過往的旅人。洗粧：梳洗打扮。宋蘇軾〈再和潛師〉：「風清月落無人見，洗粧自趁霜鐘早。」逆旅：客舍、旅館。唐李白〈春夜宴桃李園序〉：「夫天地者，萬物之逆旅。」

九十四、〈鵲橋仙〉　　上都金蓮①

重房自拆，嬌黃誰注②。爛熳風前無數③。凌波夢斷幾番秋，只認得、三生月露④。　　川平野闊，山遮水護⑤。不似溪塘遲暮。年年迎送翠華行，看照耀、恩光滿路⑥。

【箋注】

① 上都金蓮：上都裡金飾蓮花形燈火。上都：元初於灤河北岸建開平府，世祖中統五年（1264）加號上都，歲常巡幸，終元一代與大都並稱兩都。故

址在今內蒙古多倫西北上都河北岸。金蓮:「金蓮華炬」的省稱。指金飾蓮花形燈炬。《新唐書·令狐綯傳》:「(綯) 夜對禁中,燭盡,帝以乘輿、金蓮華炬送還,院吏望見,以爲天子來。」後用以形容天子對臣子的特殊禮遇。金陳庚〈吊麻信之〉之二:「君恩未賜金蓮炬,天關俄成白玉樓。」

②重房自拆,嬌黃誰注:樓閣自從拆建後,是誰照射出金黃的光芒?

③爛熳風前無數:風中有許多光彩絢爛四射。爛熳:亦作「爛漫」。形容光彩四射。漢王延壽〈魯靈光殿賦〉:「丹彩之飾,徒何爲乎,澔澔汗汗,流離爛漫。」

④凌波夢斷幾番秋,只認得、三生月露:在起伏的波瀾裡夢醒過多年,只記得前世、今生和來世月光下的露水。月露:月光下的露滴。宋柳永〈玉蝴蝶〉:「水風輕、蘋花漸老,月露冷、梧葉飄黃。」

⑤川平野闊,山遮水護:平川原野遼闊,有山水遮擋保護。

⑥年年迎送翠華行,看照耀、恩光滿路:每年都照耀著金黃的光芒,來迎接送行帝王的隊伍。翠華:天子儀仗中以翠羽爲飾的旗幟或車蓋。此爲帝王的代稱。宋陸游〈曉嘆〉:「翠華東巡五十年,赤縣神州滿戎狄。」恩光:猶恩澤。南朝梁江淹〈獄中上建平王書〉:「大王惠以恩光,顧以顏色。」

九十五、〈鵲橋仙〉　　盆梅

孤根如寄,高標自整①。坐上②西湖風景。幾回誤作杏花看,被夢裏、香魂喚省③。　　薰爐茶竈,春閑畫永④。不似霜清月冷。從今更愛短檠燈,夜夜看、江邊瘦影⑤。

【箋注】

①孤根如寄,高標自整:孤根的梅花寄託著自身清高不俗、孤傲高潔的品格風範。孤根:獨生的根。謂孤獨無依。唐張九齡〈敘懷〉:「孤根亦何賴?感激此爲鄰。」高標:南朝宋劉義慶《世說新語·德行》:「李元禮風格秀整,高自標持。」後以「高標」指清高脫俗的風範。《舊唐書·外戚傳·武攸緒》:「王高標峻尚,雅操孤貞。」

②坐上:座席上。宋蘇軾〈首夏官舍即事〉:「坐上一樽雖得滿,古來四事巧

相違。」

③ **幾回誤作杏花看，被夢裏、香魂喚省**：幾次將梅花誤認作杏花，夢裡梅花的花魂帶著清香來訪，方才明白憶起梅花的高雅姿態。**幾回誤作杏花看**：化用宋王安石〈紅梅〉：「北人初未識，渾作杏花看。」**香魂**：美人之魂。唐沈佺期〈天官崔侍郎夫人盧氏挽歌〉：「偕老何言謬，香魂事永違。」

④ **薰爐茶竈，春閑畫永**：春日閒情，白晝漫長，便點著薰香，烹茶賞梅。**薰爐**：亦作「薰鑪」。用於薰香等的爐子。唐楊炯〈和崔司空傷姬〉：「粉匣棲餘淚，薰鑪減舊煙。」**茶竈**：烹茶的小爐灶。《新唐書・隱逸傳・陸龜蒙》：「不乘馬，升舟設篷席，齎束書、茶竈、筆牀、釣具往來。」**畫永**：白晝漫長。宋林逋〈病中謝馬彭年見訪〉：「山空門自掩，畫永枕頻移。」

⑤ **從今更愛短檠燈，夜夜看、江邊瘦影**：從今以後更喜愛點著矮架的燈，連夜晚也能繼續欣賞梅花的纖細姿態。**短檠燈**：矮架的燈。宋陸游〈書室〉：「更喜論文有兒子，夜窗相對短檠燈。」

九十六、〈鵲橋仙〉　　謝人惠酒

江村歲晚，山寒雪落。一樹梅花寂寞。門前剝啄問誰來，驚不起、簷間噪鵲①。　　白衣錦字，清樽玉絡②。盡把離愁忘卻。歷城春色故人心，放老子、梅邊細酌③。

【箋注】

① **門前剝啄問誰來，驚不起、簷間噪鵲**：門外有客叩訪，我自門內回應，屋簷下嘈雜的鵲鳥並不怕生驚飛。**剝啄**：敲門聲。宋范成大〈賀樂丈先生南郭新居〉：「閉戶長獨佳，奈客剝啄何！」

② **白衣錦字，清樽玉絡**：負責傳達的吏人附上書信，一壺清酒和玉飾的馬籠頭。此二句化用唐高適〈重陽〉：「豈有白衣來剝啄，亦從烏帽自欹斜。」**白衣**：特指送酒的吏人。宋司馬光〈和同舍對菊無酒〉：「盡日柴門外，白衣來不來？」**錦字**：指錦字書。宋范成大〈道中〉：「客愁無錦字，鄉信有燈花。」**玉絡**：玉飾的馬籠頭。古代顯貴之馬所用，因以指高官。《金史・隱逸・趙質》傳：「臣僻性野逸，志在長林豐草，金鑣玉絡非所願也。」

③歷城春色故人心，放老子、梅邊細酌：歷城的春景和老友的心意使人心情愉悅，就讓我在梅花下細細品嚐醇酒的美味吧。**歷城**：縣名。位於山東省濟南市東，北瀕黃河，南倚泰山。以小麥、高粱為主要農產。

九十七、〈菩薩蠻〉

　　賈君彥明①為陽丘丞，三年職揚政舉②，而廉苦過甚。其歸也，作長短句贈之。

> 挈家來喫山城水。三年不剩公田米③。何物辦歸裝。一車風滿箱④。　　吾人垂淚嘆。過客回頭看。誰不愛清官。清官似子難。

【箋注】

①賈君彥明：生卒不詳，歷清池縣教、陽丘縣丞。

②職揚政舉：謂恪守職分，使政教措施得以推行。

③挈家來喫山城水。三年不剩公田米：舉家來陽丘縣生活，三年裡，日子過得十分清苦，卸任時也不隨意帶走公家的東西。**挈家**：攜家帶眷。宋無名氏《燈下閑談》卷上：「有商人劉損挈家乘巨船，自江夏至揚州。」

④何物辦歸裝。一車風滿箱：形容賈君兩袖清風，卸任時行李空蕩蕩的樣子。

九十八、〈菩薩蠻〉　　次解安卿韻

> 惜花不似東庵惜。近來恰得真消息。玉雪兩三枝。暗藏和靖詩①。　　看花誰可約。定與花斟酌②。後閣盛筵開③。老夫來不來。

【箋注】

①玉雪兩三枝。暗藏和靖詩：林逋的詩句隱藏在兩三枝梅花之中。此指宋林逋〈山園小梅〉詩：「疏影橫斜水清淺，暗香浮動月黃昏。」**玉雪**：白色的花，此指梅花。宋范成大〈連夕大風凌寒梅已零落殆盡〉：「玉雪飄零賤似泥，惜花還記賞花時。」**和靖**：林和靖（967～1028），即林逋，字君復，北宋錢塘人。性恬淡好古，擅長行書，好作詩，隱居西湖孤山，終身不仕，不娶，以植梅養鶴為樂，世稱「梅妻鶴子」。詩風淡遠，多寫隱居生活和淡

泊心境，卒諡和靖先生。著有《和靖詩集》、《西湖紀逸》等。

② 斟酌：指飲酒。宋向子諲〈梅花引‧戲代李師明作〉：「同杯勺，同斟酌，千愁一醉都推卻。」

③ 後閣盛筵開：後樓準備了盛大的筵席。後閣：後樓。唐羅虬〈比紅兒〉之七九：「都緣沒箇紅兒貌，致使輕教後閣開。」

九十九、〈菩薩蠻〉　　山居遣興

眾山圍繞橫塘路①。中庵正向中間住。花木四時開。沙鷗日日來。　　門前車馬駐。不得中庵趣②。下馬問中庵。庵中睡正酣。

【箋注】

① 眾山圍繞橫塘路：群山環繞著水塘。橫塘：泛指水塘、池塘。唐溫庭筠〈池塘七夕〉：「萬家砧杵三篙水，一夕橫塘似舊遊。」

② 不得中庵趣：意謂不能領會主人的生活情趣。

一○○、〈菩薩蠻〉　　繡江即事

行雲恰過前山北。靠山村落移時黑①。腳底一聲雷。北風截雨回②。　　出門南望立。過客衣裳濕。問有雨如何。一傾三尺多。

【箋注】

① 靠山村落移時黑：山邊的村落不久就被烏雲籠罩，天色灰黑。移時：經歷一段時間。五代王周〈會贈岑山人〉：「略坐移時又分別，片雲孤鶴一枝笻。」

② 腳底一聲雷。北風截雨回：腳下正感覺一陣雷響時，強勁北風便截斷了大雨而來。

一○一、〈菩薩蠻〉　　憶家庭①月桂二首

新枝舊孕嬌無力②。翠銷香霧闌干濕③。秋月與春風。深紅復淺紅。

相思幽夢苦。夜夜西窗雨。且莫怨芳菲④。惜花人欲歸。

【箋注】

① 家庭：家中院落。《宋史・章得象傳》：「得象母方娠，夢登山，遇神人授以玉象；及生，父奐復夢家庭積笏如山。」

② 新枝舊孕嬌無力：月桂樹新長出的枝椏嬌嫩無力。

③ 翠銷香霧闌干濕：綠枝消融了霧氣，欄杆上一片濕潤。

④ 且莫怨芳菲：千萬不要埋怨香花芳草。芳菲：香花芳草。唐李嶠〈二月奉教作〉：「乘春重遊豫，淹賞玩芳菲。」

一〇二、〈菩薩蠻〉

眼中有此妖嬈色①。花中無此風流格②。一月一番新。一年都是春。　　盈盈花上月。幾度圓還缺。不去捲金荷。奈渠花月何③。

【箋注】

① 眼中有此妖嬈色：心目中有這樣嫵媚多姿的色彩。妖嬈：嫵媚多姿。宋柳永〈合歡帶〉：「身材兒，早是妖嬈。算風措，實難描。」

② 花中無此風流格：花中卻沒有像月桂一般有著美好風韻的品格。

③ 不去捲金荷。奈渠花月何：不去收起桌上的金荷，又能對花和月怎麼樣呢？金荷：燭臺上承燭淚的器皿。形如蓮葉，用金、銀或銅製成。亦借指燭。宋辛棄疾〈鷓鴣天・鵝湖歸病起作〉之一：「明畫燭，洗金荷，主人起舞客齊歌。」

一〇三、〈菩薩蠻〉　　春雪後，訪友東山

行行正向西山缺①。遙遙望見東山雪。風色夜來間②。杏花寒不寒。　　故人家遠近。只向林東問。一徑傍山開。鵲聲迎我來③。

【箋注】

① 行行正向西山缺：不斷前行，漸漸離西山越來越遠。行行：指情況進展或

時序運行。晉陶潛〈飲酒〉之十六：「行行向不惑，淹留遂無成。」

②風色夜來間：夜晚吹來陣陣寒風。**夜來**：夜間。唐孟浩然〈春曉〉：「春眠不覺曉，處處聞啼鳥，夜來風雨聲，花落知多少。」

③一徑傍山開。鵲聲迎我來：路依傍著山展開，鵲聲彷彿是為了迎接我的到來。**鵲聲**：鵲的鳴叫聲。有意謂吉祥的預兆。宋陸游〈村居書喜〉：「花氣襲人知驟暖，鵲聲穿樹喜新晴。」

一○四、〈菩薩蠻〉　盆梅

　　纖條漸見稀稀蕾①。孤根旋透溫溫水②。但得一枝春。誰嫌老瓦盆③。
　　　　寒愁芳意懶④。移近南窗煖。卻怕盛開時。香魂來索詩⑤。

【箋注】

①纖條漸見稀稀蕾：纖細的枝條上逐漸長出稀疏的蓓蕾。**纖條**：纖細的枝條。晉傅玄〈石榴賦〉：「鳥宿中而纖條結，龍辰升而丹華繁。」**稀稀**：稀少貌。漢黃憲《天祿閣外史‧時勢》：「不知旬日之內，其葉稀稀，其木濯濯，向也扶疏而成陰，今則頹然而無葉矣。」

②孤根旋透溫溫水：為梅花添水澆灌，使盆中獨生的根吸收到溫暖的水。寫養花人惜花愛花、小心呵護的情景。

③但得一枝春。誰嫌老瓦盆：只要梅花能夠開放，誰又會嫌棄它是在老瓦盆中長成的呢？意謂自身雖身處陋室，只要品行高潔，一樣能為人所欣賞。**一枝春**：典出《太平御覽》卷九七○引南朝宋盛弘之《荊州記》：「陸凱與范曄相善，自江南寄梅花一枝，詣長安與曄。並贈花詩曰：『折花逢驛使，寄與隴頭人；江南無所有，聊贈一枝春。』」後多以「一枝春」為梅花的別名。宋黃庭堅〈劉邦直送早梅水仙花〉之一：「欲問江南近消息，喜君貽我一枝春。」

④寒愁芳意懶：天氣嚴寒，使得梅花遲遲不肯開放。**芳意**：指春意。唐徐彥伯〈同書舍人元旦早朝〉：「相問韶光歇，彌憐芳意濃。」

⑤香魂來索詩：梅花的花魂來夢裡向我索詩。隱含梅花盛開後將要凋謝的憐惜之情。

一○五、〈菩薩蠻〉　　送秦主簿赴宿遷二首

　　繡江江水清如玉。梅花香滿清江曲①。風味此中論②。可憐惟有君③。
　　江頭春正好。別去君何早。折得一枝梅。送君三百杯④。

【箋注】

① 清江曲：詞牌名。雙調五十六字。前段四句三平韻，後段四句三仄韻。因
　　其為宋蘇庠泛舟清江所作，故名。

② 風味此中論：談論這其中的趣味。風味：事物特有的趣味。宋惠洪《冷齋
　　夜話》卷七：「淵明千載人，子瞻百世士；出處固不同，風味亦相似。」

③ 可憐惟有君：值得羨慕的也只有你了。可憐：可羨。唐岑參〈節度使赤驃
　　馬歌〉：「始知邊將真富貴，可憐人馬相輝光。」

④ 折得一枝梅。送君三百杯：折一枝梅為你贈別，以三百杯酒為你餞行。

一○六、〈菩薩蠻〉　　次前韻

　　看君自是豐年玉①。贈行不用陽關曲②。但把此心論。幾人能似君。　　　到
　　官消息好。來歲春風早③。再折繡江梅。寄君揮一盃。

【箋注】

① 看君自是豐年玉：你本來就是個可貴之才。豐年玉：喻可貴的人才。典見
　　南朝宋劉義慶《世說新語·賞譽》：「世稱庾文康為豐年玉，稀恭為荒年穀。」
　　南朝梁劉孝標注：「謂亮有廊廟之器，翼有匡世之才，各有用也。」宋辛棄
　　疾〈滿江紅·呈趙晉臣敷文〉：「人道是，荒年穀；還又似，豐年玉。甚等
　　閒卻為鱸魚歸速？」

② 贈行不用陽關曲：自是不須唱離離別情的〈陽關曲〉為你送行。陽關曲：
　　琴曲名，又稱〈渭城曲〉。即〈陽關三疊〉。因唐王維〈送元二使安西〉詩
　　而得名。後入樂府，以為送別之曲，反覆誦唱「西出陽關無故人」句，遂
　　謂之「陽關三疊」。

③ 來歲春風早：來年的春風早點吹來。來歲：來年。晉陶潛〈圳劉柴桑〉：「今
　　我不為樂，知有來歲不？」

一○七、〈阮郎歸〉　　壽太乙眞人李六祖①

八千歲月作春秋。神仙第一流。笑看塵世等浮漚②。家居麟鳳洲。　　纔八十，儘優游。細斟雙玉甌③。醉邀明月與同遊。西風蓮葉舟④。

【箋注】

① 太乙眞人李六祖：指李全祐。《元史‧卷十一‧世祖》：「十八年（1281）春正月戊戌朔……丁巳，制以六祖李全祐嗣五祖李居壽祭斗。」太乙眞人：道教所信仰的神仙。自宋元以來，已有畫像問世，其神姿多半與蓮舟同遊，挾飛龍往來於天地之間。元李孝光〈太乙眞人歌題蓮舟圖〉贊曰：「太乙眞人挾兩龍，脫巾大笑眠其中。鳳麟洲西與天通天通，扶桑乃在碧海中。手把白雲有兩童，掣爴二鳥開金龍。」

② 笑看塵世等浮漚：笑看世事人間變化無常。浮漚：水面上的泡沫。因其易生易滅，常用以比喻變化無常的世事和短暫的生命。唐姚合〈酬任疇協律夏中苦雨見寄〉：「走童驚掣電，飢鳥啄浮漚。」

③ 細斟雙玉甌：用精美的酒壺仔細斟酒。玉甌：指精美的杯盂一類的盛器。唐吳融〈病中宜茯苓寄李諫議〉：「金鼎曉煎雲漾粉，玉甌寒貯露含津。」

④ 醉邀明月與同遊。西風蓮葉舟：在秋風下乘著小船，一邊飲酒，並邀請月亮同歡。

一○八、〈阮郎歸〉　　奉使由平灤之惠州山行

青山不盡一重重。重重如畫中。石根流水玉玲瓏。高低處處通①。　　山向北，路回東。馬前三四峰。峰頭更覺翠煙濃②。煙中無數松。

【箋注】

① 石根流水玉玲瓏。高低處處通：清澈潔白的泉水，在岩石底下高高低低穿梭流動。石根：岩石的底部；山腳。宋王安石〈竹里〉：「竹裏編茅倚石根，竹莖疏處見前村。」玉玲瓏：形容物體潔白晶瑩。宋楊萬里〈殘雪〉：「殘雪堆成山數重，懸崖幽竇玉玲瓏。」

② 峰頭更覺翠煙濃：到了山前更是覺得煙霧濃厚。翠煙：青煙、煙靄。宋秦

觀〈望海潮〉:「巷入垂楊,畫橋南北翠煙中。」

一〇九、〈南鄉子〉

鵬舉兄致仕,寓家松江①。今年秋,獨舟至歷下,顧予繡江野亭。憶兄往年由南中赴調北上,過繡江,宿女郎山下,予會焉。時有詩云:「南北分飛十五年,歸來相見各華顛②。祇應又作明朝別,酒醉更闌不肯眠。」詰旦③,兄別去,距今又二十寒暑,悲喜恍惚,乃情何如。酒中兄唶曰:吾數日當又南矣。因成小詞,舉觴為壽,以發一笑。

憶昔嘆華顛。一別曾驚十五年④。醉裏知君明便去,留連⑤。酒盡更闌不肯眠。　　今更老於前。二十年間又別筵。安得柳絲千百丈,纏聯⑥。不放東吳萬里船⑦。

【箋注】

① 松江:吳淞江的古稱。唐陸廣微《吳地記》:「松江,一名松陵,又名笠澤。」

② 歸來相見各華顛:回來後再見,兩人卻已經年老了。華顛:白頭,指年老。唐盧肇〈被謫連州〉:「黃絹外孫翻得罪,華顛故老莫相嗤。」

③ 詰旦:平明,清晨。宋司馬光〈柳枝詞〉之十一:「五柳先生門乍開,宅邊植杖久徘徊。陌頭遙認顏光祿,詰旦先乘瘦馬來。」

④ 憶昔嘆華顛。一別曾驚十五年:想到當年我們分別十五年,再見面時,卻驚嘆彼此都已衰老。

⑤ 醉裏知君明便去,留連:在酒醉中知道你明天就要出發,心裡還是很捨不得。留連:留戀不捨。三國魏曹丕〈燕歌行〉之二:「飛鳥晨鳴聲可憐,留連顧懷不自存。」

⑥ 安得柳絲千百丈,纏聯:怎樣才能得到千百丈深長的柳條,將你纏連留下。安得:如何能得、怎能得。含有不可得的意思。漢劉邦〈雜歌〉:「大風起兮雲飛揚,威加海內兮歸故鄉,安得猛士兮守四方。」柳絲:垂柳枝條細長如絲,因以為稱。唐白居易〈楊柳枝詞〉之八:「人言柳葉似愁眉,更有愁腸似柳絲。」

⑦不放東吳萬里船：不讓來自遙遠東南的船隻把你接去。化用唐杜甫〈絕句〉之三：「窗含西嶺千秋雪，門泊東吳萬里船。」東吳：指今江蘇省、浙江省一帶，古時屬吳國地，稱東吳。

一一〇、**〈南鄉子〉** 　壽何聰山

　　瑞雪夜來晴①。和氣歡聲滿鳳城②。雪裏梅花開更好，分明。要見和羹事業成③。　　東閣此時晴。慶在春風瀲灩觥④。陰德自應長富貴，康寧⑤。便擬臺星⑥是壽星。

【箋注】

①瑞雪夜來晴：雪入夜後便停止再下。瑞雪：應時好雪。以能殺蟲保溫，多視為豐年的預兆。南朝陳張正見〈玄圃觀春雪〉：「同雲遙映嶺，瑞雪近浮空。」

②和氣歡聲滿鳳城：氣氛和睦融洽，喜樂之聲充滿城都。鳳城：京都的美稱。唐沈佺期〈奉和立春遊苑迎春〉：「歌吹銜恩歸路晚，棲鳥半下鳳城來。」

③要見和羹事業成：很快就能見到你勝任宰輔一職。和羹：語本《尚書・說命下》：「若作和羹，爾惟鹽梅。」原指配以不同調味品而製成的羹湯。此喻宰輔之職。宋王禹偁〈授御史大夫可司徒門下侍郎平章事制〉：「弄印之名已著，和羹之命爰行。」

④瀲灩觥：杯中斟滿了酒。瀲灩：水滿貌，泛指盈溢。宋范成大〈續長恨歌〉：「金杯瀲灩曉粧寒，國色天香勝牡丹。」

⑤陰德自應長富貴，康寧：暗中做了有德功業，自然會有富貴健康的福報。康寧：健康。宋陸游《老學庵筆記》卷四：「從舅唐仲俊，年八十五六，極康寧。」

⑥台星：三台星。用以喻指宰輔。《晉書・天文志上》：「三台六星，兩兩而居，起文昌，列抵太微。一曰天柱，三台之位也。在人曰三公，在天曰三台，主開德宣符也。」唐李白〈上崔相百憂章〉：「台星再朗，天網重恢。」

一一一、〈南鄉子〉　　次韻答魏鵬舉

英譽藹西秦①。襟量溫和別有春②。落筆妙詞新可喜，精神。玉葉瓊葩不染塵③。　　俊逸鮑參軍④。誰道儒冠誤卻身⑤。相見莫談塵世事，銷魂。趁取追歡語笑頻⑥。

【箋注】

① **英譽藹西秦**：美好的名聲籠罩西秦一帶。西秦：指關中陝西一帶秦之舊地。晉陸機〈漢高祖功臣頌〉：「脫跡違難，披榛來泊，改策西秦，報辱北冀。」

② **襟量溫和別有春**：性情態度平和溫順，別有一番喜色。襟量：氣度、氣量。唐裴鉶《傳奇・封陟》：「伏見郎君坤儀浚潔，襟量端明，學聚流螢，文含隱豹。」

③ **玉葉瓊葩不染塵**：如同光潤如玉的花葉般清新脫俗，不染塵俗。玉葉：對花木葉子之美稱。宋范成大〈至昌爲具賞東軒千葉梅〉：「玉葉重英意已芽，新移竹外小橫斜。」瓊葩：色澤如玉的花。唐劉禹錫〈遊桃源一百韻〉：「青囊既深味，瓊葩亦屢摘。」

④ **俊逸鮑參軍**：引用唐杜甫〈春日憶李白〉句，原詩：「白也詩無敵，飄然思不群。清新庾開府，俊逸鮑參軍。渭北春天樹，江東日暮雲。何時一樽酒，重與細論文。」俊逸：英俊灑脫，超群拔俗。三國魏劉劭《人物志》自序：「制禮樂，則考六藝祇庸之德；躬南面，則援俊逸輔相之材。」鮑參軍：鮑照（414～466），字明遠，南朝宋東海人。文詞贍逸，詞采華麗，常表現慷慨不平的思想情感，在劉宋一代的詩人中最爲特出。曾爲前軍參軍，世稱爲「鮑參軍」。

⑤ **誰道儒冠誤卻身**：誰說仕宦生涯就是窮困不遇，貽誤自身。化用唐杜甫〈奉贈韋左丞丈二十二韻〉：「紈袴不餓死，儒冠多誤身。」

⑥ **趁取追歡語笑頻**：趁著這時候尋歡開懷，就多談談開心的事吧。趁取：猶趁著。取，助詞。宋張耒《明道雜志》：「又有一官人談語好文。嘗謁一班行，臨退，揖而前曰：『未敢款談，且夕專候宇下。』班行作色曰：『何如趁取今日晴暖說了。』而此官人了不解。」

一一二、〈南鄉子〉　　賀于冶泉尚書有子

千古一高門①。不斷軒車駟馬塵②。五色鳳毛新照眼，驚人③。氣壓喧啾百鳥羣④。　　語笑滿堂春。聳壑昂霄看已真⑤。玉唾成時十六七⑥，知君。膝上摩挲⑦不肯嗔。

【箋注】

①千古一高門：時代悠遠的富貴名門。高門：借指富貴之家，高貴門第。唐李白〈宴陶家亭子〉：「曲巷幽人宅，高門大士家。」

②不斷軒車駟馬塵：不斷有顯赫權貴，乘著駕四匹馬的高車來拜訪。軒車：有屏障的車。古代大夫以上所乘。唐沈佺期〈嶺表逢寒食〉：「花柳爭朝發，軒車滿路迎。」

③五色鳳毛新照眼，驚人：形容嬰孩的相貌亮眼，使人驚奇。鳳毛：原指鳳凰的羽毛，此指人子。典出南朝宋劉義慶《世說新語‧容止》：「王敬倫風姿似父，作侍中，加授桓公公服，從大門入。桓公望之，曰：『大奴固自有鳳毛。』」用以比喻人子孫有才似其父輩者。

④氣壓喧啾百鳥羣：語見唐韓愈〈聽穎師彈琴〉：「喧啾百鳥羣，忽見孤鳳凰。」氣質也勝過許多嘈雜的禽鳥。喻嬰孩的氣質特出於眾人之上。喧啾：喧鬧嘈雜。宋文天祥〈至揚州詩序〉：「忽聞人聲喧啾甚，白壁窺之，乃北騎數千自東而西。」

⑤聳壑昂霄看已真：有如矗立山谷，高入雲霄，未來一定有不凡出眾的表現。聳壑：矗立山谷，喻出人頭地。《新唐書‧房玄齡傳》：「僕觀人多矣，未有如此郎者，當為國器，但恨不見其聳壑昂霄云。」昂霄：高入霄漢。形容出人頭地、才能傑出。宋陸游〈陵霄花〉：「古來豪傑少人知，昂霄聳壑寧自期。」

⑥玉唾成時十六七：十六七歲便能寫出很好的作品。玉唾：喻傑作、佳句。宋謝逸〈寄隱居士〉：「家藏玉唾幾千卷，手校韋編三十秋。」

⑦摩挲：撫摸。唐韓愈〈石鼓歌〉：「牧童敲火牛礪角，誰復著手為摩挲？」

一一三、〈臨江仙〉　　芙蓉

見說瑤池池上路，雪香花氣葱蘢①。一雙依約玉芙蓉②。煙波孤夢斷，風

月兩心同③。　　千古情緣何日了，此生何處相逢。不堪回首怨西風。殘芳秋淡淡，落日水溶溶④。

【箋注】

① 雪香花氣葱蘢：芙蓉花香氣濃郁。雪香：白花，此指芙蓉。宋周師厚《洛陽花木記》：「紅香梅千葉，臘梅黃千葉，紫梅千葉，雪香千葉。」

② 一雙依約玉芙蓉：一對彷彿是白蓮花。依約：彷彿、隱約。宋晏殊〈少年游〉：「風流妙舞，櫻桃清唱，依約駐行雲。」玉芙蓉：白蓮花。宋朱熹〈蓮沼〉：「亭亭玉芙蓉，迥立映澄碧。」

③ 煙波孤夢斷，風月兩心同：在煙霧蒼茫的海上，孤獨夢醒，彼此的心意互通。煙波：指煙霧蒼茫的水面。隋江總〈秋日侍宴婁苑湖應詔〉：「霧開樓闕近，日迴煙波長。」

④ 殘芳秋淡淡，落日水溶溶：殘花落下，秋色清冷淡薄；夕陽斜照，大海寬廣和暖。溶溶：和暖。宋蘇軾〈哨遍〉：「初雨歇，洗出碧羅天，正溶溶養花天氣。」

一一四、〈西江月〉　　戲題五子扇頭①

階下竇郎丹桂②，眼中陶令③新詩。渾教不是寧馨兒④。且得平生慰意。　　曉露蘭芽香徹，春風杏蕾紅肥⑤。最堪憐處鴈行齊。宜箇同聲小字⑥。

【箋注】

① 扇頭：扇面上。金元好問〈題劉才卿湖石扇頭〉：「扇頭喚起西園夢，好似熙春閣下看。」

② 竇郎丹桂：比喻秀拔的人才。典出《宋史‧竇禹鈞傳》：「儀學問優博，風度峻整。弟儼、侃、偁、僖，皆相繼登科。馮道與禹鈞有舊，嘗贈詩，有『靈椿一株老，丹桂五枝芳』之句，縉紳多諷誦之，當時號為『竇氏五龍』。」

③ 陶令：指晉陶潛。陶潛曾任彭澤令，故稱。唐李商隱〈菊〉：「陶令籬邊色，

羅含宅裡香。」

④ 渾教不是寧馨兒：誰說不是個好孩子。寧馨兒：晉宋時俗語，這樣的孩子。後用爲對孩子的美稱，猶言好孩子。宋吳曾《能改齋漫錄・辨誤二》引唐張渭詩：「家無阿堵物，門有寧馨兒。」

⑤ 曉露蘭芽香徹，春風杏蕾紅肥：朝露凝結在蘭的嫩芽上，發出陣陣幽香，春風吹拂，杏花的蓓蕾顯得紅豔肥嫩。蘭芽：蘭的嫩芽，常比喻子弟挺秀。南朝梁劉孝綽〈答何記室〉：「蘭芽隱陳葉，荻苗抽故叢。」

⑥ 最堪憐處鴈行齊。宜箇同聲小字：最值得喜愛的是兄弟間同一心意，應該在扇面上題一行細小的字作爲標記。鴈行：亦作「雁行」。比喻兄弟。語出《禮記・王制》：「父之齒隨行，兄之齒鴈行，朋友不相踰。」唐錢起〈李四勸爲尉氏尉李七勉爲開封尉〉：「采蘭花萼聚，就日雁行聯。」同聲：聲音相同。比喻志趣相同或志趣相同者。晉陸機〈駕言出北闕〉：「良會罄美服，對酒宴同聲。」

一一五、〈西江月〉　　壽杜醉經左丞

有道實關消長，無心不異行藏①。問公獨樂醉經堂。何似凌煙閣上②。　　畫戟清香宴寢，春風玉樹諸郎③。台星明動紫霞觴④。正與壽星相望。

【箋注】

① 有道實關消長，無心不異行藏：有才德的人和時局的盛衰變化關係緊密，有眞心而無成見的人，則和個人行止等同相連。

② 問公獨樂醉經堂。何似凌煙閣上：問你在醉經堂裡獨自娛樂，那裡有凌煙閣上功臣的姿態呢。何似：那像是、那裡像。宋蘇軾〈水調歌頭〉：「起舞弄清影，何似在人間。」

③ 畫戟清香宴寢，春風玉樹諸郎：起居室裡依禮儀擺設裝飾，空氣中飄蕩著清淡的香味，家中的子弟優秀俊美，年輕有爲。上句化用唐韋應物〈郡齋雨中與諸文士燕集〉：「兵衛森畫戟，宴寢凝清香。」宴寢：休息起居之室。宋黃庭堅題〈落星寺〉：「宴寢清香與世隔，畫圖妙絕無人知。」玉樹：典

見南朝宋劉義慶《世說新語・言語》：「謝太傅問諸子姪：『子弟亦何預人事，而正欲使其佳？』諸人莫有言者。車騎答曰：『譬如芝蘭玉樹，欲使其生於階庭耳。』」後以「玉樹」稱美佳子弟。唐杜甫〈題柏大兄弟山居屋壁〉之一：「叔父朱門貴，郎君玉樹高。」

④台星明動紫霞觴：喻杜左丞有加官晉爵之兆。**紫霞觴**：典見漢王充《論衡・道虛》。曼都好道學仙，後隨仙人上天，口飢欲食，則仙人賜以流霞一杯，每飲一杯，數月不飢。三年後返回人間，人稱之爲「斥仙」。後用以比喻飲酒。

一一六、〈西江月〉　　戲呈仲敬，并其母兄

掌上鴻雛玉嫩，眼中麝錦香庖①。鐵郎癡小阿瓊嬌。十歲婆兒最巧②。
　　　已許卯君書癖，更看坡老詩豪③。畫堂仙媼醉春醪④。五福天教占了⑤。

【箋注】

①**掌上鴻雛玉嫩，眼中麝錦香庖**：疼愛抱在懷中的孩子小而柔嫩，用含有麝香的錦幛呵護他。**鴻雛**：鳳雛。比喻有才望的年輕人。金元好問〈進修家兒子〉：「鳳山自有鴻雛種，九子相從不厭遲。」

②**鐵郎癡小阿瓊嬌。十歲婆兒最巧**：鐵郎年紀幼小，阿瓊嬌媚可愛，而十歲的女孩最靈巧。**癡小**：幼稚、幼弱。唐王建〈送韋處士老舅〉：「憶昨癡小年，不知有經籍。」

③**已許卯君書癖，更看坡老詩豪**：卯年出生的孩子對書籍有特別的愛好，將來一定像宋詩人蘇軾一樣出類拔萃。**卯君**：卯年生的人。宋蘇軾〈子由生日以檀香觀音像及新合印香銀篆盤爲壽〉：「東坡持是壽卯君，君少與我師皇墳。」**坡老**：對宋蘇軾的敬稱。宋楊萬里〈和陸務觀見賀歸館之韻〉：「平生憐坡老，高眼薄蕭統。」

④**畫堂仙媼醉春醪**：坐在豪華堂屋裡的智母醉飲春酒。**畫堂**：華麗的堂舍。唐崔顥〈王家少婦〉：「十五嫁王昌，盈盈入畫堂。」**春醪**：春酒。晉陶潛〈擬挽歌辭〉之二：「春醪生浮蟻，何時更能嘗？」

⑤五福天教占了：五種福氣都擁有了。五福：指福、壽、富貴、安樂、子孫
眾多等五種幸福。典見漢桓譚《新論》。唐陳子昂〈臨邛縣令封君遺愛碑〉：
「家膺五福，堂享三壽。」

一一七、〈鷓鴣天〉 　　祖母壽日

綠牖涼霏紫麝塵①。寶猊晴煖瑞香雲②。蟠桃日日瑤池宴，玉桂年年月殿
馨③。　　潘岳賦，孟家隣④。儘將歌酒壽良辰。慈顏剩為斑衣樂⑤，眼
底兒孫莫厭貧。

【箋注】

①綠牖涼霏紫麝塵：窗外綠意盎然，秋霧繚繞，室內傳來陣陣焚點麝香的煙。

②寶猊晴煖瑞香雲：香爐和暖，白色的瑞香花飄送濃烈的香氣。寶猊：猊形
的熏香爐。宋張先〈歸朝歡〉：「寶猊煙未冷，蓮臺香臘殘痕凝。」晴煖：
晴朗和暖。唐李商隱〈和張秀才落花有感〉：「晴煖感餘芳，紅苞雜絳房。」
瑞香：植物名，也稱睡香。常綠灌木，葉為長橢圓形。春季開花，花集生
頂端，有紅紫色或白色等，有濃香。宋陶穀《清異錄·睡香》：「廬山瑞香
花，始緣一比丘晝寢盤石上，夢中聞花香烈酷不可名，既覺，尋香求之，
因名睡香。四方奇之，謂乃花中祥瑞，遂以『瑞』易『睡』。」

③蟠桃日日瑤池宴，玉桂年年月殿馨：神話中西王母天天在瑤池品嚐仙桃，
擺設宴會；月宮裡的桂樹年年都飄送馨香。這裡含有對祖母長生不老的祝
福。蟠桃：神話中的仙桃。據《論衡·訂鬼》引《山海經》：「滄海之中，
有度碩之山，上有大桃木，其蟠屈三千里。」又據《太平廣記》卷三引《漢
武內傳》載：「七月七日，西王母降，以仙桃四顆與帝。帝食輒收其核，王
母問帝，帝曰：『欲種之。』王母曰：『此桃三千年一生實，中夏地薄，種
之不生。』帝乃止。」宋張孝祥〈水調歌頭·為時傳之壽〉：「蟠桃未熟，
千歲容與且人間。」

④潘岳賦，孟家隣：潘岳的優美賦作，孟母的苦心擇鄰。潘岳：人名。字安
仁（247～300），西晉中牟（今河南省中牟縣東）人。美姿儀，出洛陽道，
婦人嘗縈繞投果。為文詞藻絕麗，尤長於哀誄，有悼亡詩，為世傳誦。後
孫秀誣以謀反，族誅。其〈閑居賦〉前列：「（前略）太夫人在堂，有贏老

之疾，尚何能違膝下色養，而屑屑從斗筲之役？於是覽止足之分，庶浮雲之志，築室種樹，逍遙自得。池沼足以漁釣，舂稅足以代耕。灌園鬻蔬，供朝夕之膳；牧羊酤酪，俟伏臘之費。孝乎惟孝，友于兄弟，此亦拙者之為政也。乃作〈閒居賦〉以歌事遂情焉。」其辭曰：「（前略）昆弟斑白，兒童稚齒，稱萬壽以獻觴，咸一懼而一喜。壽觴舉，慈顏和，浮杯樂飲，絲竹駢羅，頓足起舞，抗音高歌，人生安樂，孰知其他……。」劉敏中取其賦作部分意涵，作為對祖母壽日的祝福。孟家隣：孟母曾經三次遷移其居，煞費苦心選擇良好的學習環境，以激勵孟子勤奮學習，後世將她奉為賢母的典範。典見西漢劉向《列女傳·母儀傳·鄒孟軻母》。

⑤斑衣樂：取古代二十四孝老萊子著彩衣娛親典故，比喻以滑稽逗趣的動作，來娛樂雙親。老萊子，楚人，行年七十，父母俱存，至孝蒸蒸，常著彩衣，為親取飲上堂，腳朕，恐傷父母之心，因僵仆為嬰兒啼。

一一八、〈鷓鴣天〉　　壽潘君美①

萱草堂前錦棣花②。靈椿樹下玉蘭芽③。二毛鬢莫驚青鑑，五朵雲須上白麻④。　　　攜斗酒，醉君家⑤。春風吹我帽簷斜。座中貴客應相笑，前日疏狂未減些⑥。

【箋注】

①潘君美：生卒不詳，延祐二年（1315）為淳安（今浙江杭州）縣尹。

②萱草堂前錦棣花：正廳前開滿了錦棣花。棣：植物名。常綠落葉灌木。高四、五尺，葉針形互生，有鋸齒。花五瓣色白，果實如櫻桃，故稱為「山櫻桃」。晉潘岳〈閑居賦〉：「杏梅郁棣之屬，繁榮麗藻之飾。」

③靈椿樹下玉蘭芽：靈椿樹下的玉蘭長出了嫩芽。隱含生命延續、長壽不老的祝福。靈椿：古代傳說中的長壽之樹。用以比喻年高德劭之人。典出《莊子·逍遙遊》：「上古有大椿者，以八千歲為春，八千歲為秋。」宋辛棄疾〈沁園春·壽趙茂嘉郎中〉：「天教多壽，看到貂蟬七葉孫。君家裏，是幾枝丹桂，幾數靈椿？」玉蘭：花木名。落葉喬木，一般高三至五米。單葉互生，倒卵形狀長橢圓形。花大型，呈鐘狀，單生支頂，早春先葉開放。花瓣九片，色白，芳香如蘭。

④二毛鬢莫驚青鑒，五朵雲須上白麻：在銅鏡前不要爲年老的外貌所驚，詔書上仍會有你的署名。言外之意，壽星年紀雖大，仍有出將入相的時機。二毛：斑白的頭髮，指老年人。宋蘇軾〈八月七日初入贛過惶恐灘〉：「七千里外二毛人，十八灘頭一葉身。」青鑒：亦作「青鑑」。青銅鏡、明鏡。南唐李中〈贈夏秀才〉：「明時儻有丹枝分，青鑑從他素髮新。」五朵雲：亦稱五雲體，指唐韋陟用草書署名的字體。典見唐段成式《酉陽雜俎續集・支諾皋下》：「每令侍婢主尺牘，往來復章，未常自札，受意而已。詞旨輕重，正合陟意。而書體遒利，皆有楷法，陟唯署名。嘗自謂所書「陟」字，如五朵雲，當時人多仿效，謂之郇公五雲體。」宋張擴〈新安程昭文秀才惠子鵝菱角乳梨並鮑清筆〉：「新安故人哀我貧，尺素自書五朵雲。」白麻：即白麻紙，用苘麻製造的紙。唐制，由翰林學士起草的凡赦書、德音、立后、建儲、大誅討及拜免將相等詔書都用白麻紙。因以指重要的詔書。宋張孝祥〈浣溪沙・劉恭父席上〉：「萬旅雲屯看整暇，十眉環坐卻娉婷。白麻早晚下天庭。」

⑤攜斗酒，醉君家：帶著一斗酒到你家喝個痛快。

⑥座中貴客應相笑，前日疏狂未減些：座席上的賓客應該會笑我，怎麼還像往日一樣豪放不拘。疏狂：亦作「疏狂」。豪放，不受拘束。宋朱敦儒〈鷓鴣天・西都作〉：「我是清都山水郎，天教懶慢帶疏狂。」

一一九、〈鷓鴣天〉　　題雙頭蓮①二首

脉脉誰教並蒂芳。情緣何許苦難量②。西風香冷同幽怨，落日紅酣對晚粧③。　　波浩蕩，月微茫④。湘靈寂寞下橫塘⑤。不堪回首鴛鴦浦，一樣相思祇斷腸⑥。

【箋注】

①雙頭蓮：即並蒂蓮。多比喻男女好合或夫妻恩愛。元喬吉《金錢記》第二折：「我本是個花一攢錦一簇芙蓉亭，有情有意雙飛燕，卻做了山一帶水一派竹林寺無影無形的並蒂蓮。」

②情緣何許苦難量：男女情愛的緣分爲何如此難以思量。何許：爲何這樣。唐萬楚〈題情人藥欄〉：「斂眉語芳草，何許太無情；正見離人別，春心相

向生。」

③ 西風香冷同幽怨，落日紅酣對晚粧：秋風涼涼吹送，蓮花的幽香彷彿正訴說鬱結在心中的愁怨，到了傍晚，橘紅色的夕陽撒落在花上，使花看起來像是化了妝的女子。

④ 波浩蕩，月微茫：水流壯闊，月色朦朧模糊。浩蕩：水壯闊貌。晉潘岳〈河陽縣作〉之二：「洪流何浩蕩，脩芒鬱苕嶢。」

⑤ 湘靈寂寞下橫塘：水神孤獨地步下了水塘。湘靈：相傳舜的二妃娥皇、女英，因哀痛舜崩殂，自溺於湘江，化為湘水之神，稱為「湘靈」。宋蘇軾〈江城子・湖上與張先同賦〉：「煙斂雲收，依約是湘靈。」

⑥ 不堪回首鴛鴦浦，一樣相思祇斷腸：在鴛鴦棲息的水濱上，禁不起再回想過往情事，同樣的思念只會讓人更加心傷。鴛鴦浦：鴛鴦棲息的水濱。前蜀毛文錫〈中興樂〉：「紅蕉葉裡猩猩語，鴛鴦浦，鏡中鸞舞。」

一二○、〈鷓鴣天〉

一段清香雲錦秋①。雙花開處儘風流②。只應無語常相並，卻是多情不自由。　　湘水怨，漢濱愁。淡煙斜日兩悠悠。凌波不下橫塘路，對立西風共倚羞③。

【箋注】

① 一段清香雲錦秋：彷彿是一段織有鮮麗圖案的絲織品，在清涼的秋天裡散發淡淡香氣。雲錦：織有鮮麗圖案的高級絲織品。《漢武帝內傳》：「張雲錦之幃，然九光之燈。」

② 雙花開處儘風流：兩朵蓮花開放的姿態十分美好動人。風流：謂風韻美好動人。前蜀花蕊夫人〈宮詞〉之三十：「年初十五最風流，新賜雲鬟使上頭。」

③ 凌波不下橫塘路，對立西風共倚羞：彷彿是一對美人，腳步輕盈，卻不走過池塘來，彼此並立在秋風中含羞不語。凌波：比喻美人步履輕盈，如乘碧波而行。宋周邦彥〈瑞鶴仙・高平〉：「凌波步弱，過短亭，何用素約。」

一二一、〈鷓鴣天〉　秋日

竹瘦桐枯菊又開。遠山合抱水縈回①。幾行銀篆蝸行過，一朵梨花蝶舞來②。　秋意思，悶情懷③。懶將閒事強支排④。倚欄目送歸鴻盡，萬里晴空入酒杯⑤。

【箋注】

① 遠山合抱水縈回：遠處的青山環繞，流水盤旋往復。縈回：盤旋往復。唐杜甫〈冬到金華山觀因得故拾遺陳公學堂遺迹〉：「繫舟接絕壁，杖策窮縈回。」

② 幾行銀篆蝸行過，一朵梨花蝶舞來：眼前是幾行蝸牛爬過的痕跡，還有蝴蝶被梨花所吸引而翩飛起舞的姿態。

③ 秋意思，悶情懷：秋天的心思鬱悶，心情低落。情懷：心情。唐杜甫〈北征〉：「老夫情懷惡，嘔泄臥數日。」

④ 懶將閒事強支排：懶得處理安排生活中的閒雜事務。

⑤ 倚欄目送歸鴻盡，萬里晴空入酒杯：倚靠在欄杆上，看著歸雁漸漸遠去，極遠的天空映入了酒杯之中。隱含了落寞悵惘的心情。

一二二、〈烏夜啼〉　含暉亭芍藥謝

含暉亭下春風。錦雲叢①。臨到開時別去，苦忽忽②。　　人乍到。花已老。酒瓶空。惟有一溪流水，照詩翁②。

【箋注】

① 錦雲叢：叢開的芍藥就像天上聚集的彩雲。錦雲：彩雲。這裡用以比喻叢開的芍藥。唐曹唐〈小遊仙詩〉之十六：「海水西飛照柏林，青雲斜倚錦雲深。」

② 臨到開時別去，苦忽忽：意謂芍藥花的花期是如此短暫。

③ 詩翁：指富有詩名而年事較高者。此為作者自稱。金元好問〈山邨風雨扇頭〉：「總為詩翁發興新，直教畫筆亦通神。」

一二三、〈烏夜啼〉　　因野亭杏為風雨所落

　　葉間誰綴金丸①。一攢攢。只為高枝臨水，摘來難②。　　風雨過。還自墮。試拈看。怕似江南梅子，一般酸。

【箋注】

① 葉間誰綴金丸：是誰在綠葉之間裝飾了金色的果實。金丸：指金黃色的果實。宋陸游〈山園屢種楊梅皆不成枇杷一株獨結實可愛戲作長句〉：「難學權門堆火齊，且從公子拾金丸。」

② 一攢攢，只為高枝臨水，摘來難：樹上結滿一團團的果實，卻因高高的樹枝離水塘太近，而難以摘取。攢：用於聚集成團或成堆的東西。宋林逋〈耿濟口舟行〉：「老霜蒲葦交千刃，怕雨鳧鷗著一攢。」

一二四、〈烏夜啼〉　　閑適

　　日長誰伴中庵。太初巖。靜掃閑庭，獨自看晴嵐①。　　嵐翠滴②。雲影濕。雨聲酣。欲借昌黎老筆，賦終南③。

【校勘】

〔烏夜啼〕：清文淵閣《四庫全書》本無題調，作「古烏夜啼」。

【箋注】

① 靜掃閑庭，獨自看晴嵐：靜靜地打掃寂靜的庭院，一個人欣賞山中的雲霧。閑庭：寂靜的庭院。唐楊炯〈梓州惠義寺重閣銘〉：「閑庭不擾，退食自公，遠覽形勢，虔心淨域。」晴嵐：晴日山中的霧氣。宋周邦彥〈渡江雲〉：「晴嵐低楚甸，暖回鴈翼，陣勢起平沙。」

② 嵐翠滴：形容山霧蒼翠欲滴的樣子。嵐翠：蒼翠色的山霧。唐白居易〈早春題少華東巖〉：「三十六峰晴，雪銷嵐翠生。」

③ 欲借昌黎老筆，賦終南：想要借助韓愈老練的筆法歌詠終南風光。昌黎：韓愈（768～824），字退之，唐河陽人。通六經百家之學，崇儒闢佛老，文章自成一家，為後世治古文者所取法。官至吏部侍郎。祖先世居昌黎，因此自稱為昌黎韓愈。卒諡文，宋代元豐年間追封為昌黎伯，世稱為「韓昌

黎」。門人編次其詩文爲《昌黎先生集》。老筆：老練嫻熟的筆法。唐李白
〈題上陽臺〉：「山高水長，物象千萬，非有老筆，清壯何窮？」

一二五、〈烏夜啼〉　　月下用前韻

　　夜深誰伴中庵。太初巖。滿酌一杯，和月吸濃嵐①。　　瓊露滴。霜鬢濕。興方酣②。不覺河傾東北，月西南③。

【箋注】

①滿酌一杯，和月吸濃嵐：斟滿一杯酒，和著月色喝下，吸取夜間濃烈的霧氣。

②瓊露滴。霜鬢濕。興方酣：白髮被滴落的露水沾濕了，興致正當飽滿。

③不覺河傾東北，月西南：指月亮不知不覺西沉。

一二六、〈眼兒媚〉　　賦秋日海棠，分韻得欄字

　　春來應怪洗粧慳①。故作兩回看。風流依舊，檀心暈紫，翠袖凝丹②。　　玉容寂寞闌干淚，細雨豆花寒③。多情誰管，今宵冷落，淡月東欄④。

【校勘】

〔分韻得欄字〕：元本無此五字，據清文淵閣《四庫全書》本補。

〔闌干淚〕：此處應作平平仄，清文淵閣《四庫全書》本作「淚闌干」，不合譜式。

【箋注】

①春來應怪洗粧慳：春來之後，都怪打扮的次數太少。慳：不多、稀少。宋陸游〈懷昔〉：「澤國氣候晚，仲冬雪猶慳。」

②風流依舊，檀心暈紫，翠袖凝丹：海棠花風韻依然美好，花蕊粉中帶紫，像是身著青色衣袖的女子，烘托出嬌豔的容貌。檀心：淺紅色的花蕊。宋蘇軾〈黃葵〉：「檀心自成暈，翠葉森有芒。」翠袖：青綠色衣袖，泛指女子的裝束。唐杜甫〈佳人〉：「天寒翠袖薄，日暮倚修竹。」

③玉容寂寞闌干淚，細雨豆花寒：這裡化用唐白居易〈長恨歌〉：「玉容寂寞淚闌干，梨花一枝春帶雨。」形容海棠花一如寂寞的女子，在欄杆旁暗自垂淚，綿密的小雨打在豆花上，感覺寒冷。玉容：美稱女子的容貌。唐王建〈調笑令〉：「玉容顦頓三年，誰復商量管絃。」豆花：指豆類植物開的花。唐許渾〈題韋隱居西齋〉：「山風藤子落，溪雨豆花肥。」

④多情誰管，今宵冷落，淡月東欄：感情豐富的人，今晚卻覺冷冷清清，只見到東邊欄杆上那不太明亮的月光。淡月：不太明亮的月亮或月光。宋王明清《揮塵餘話》卷二：「少頃，白乳浮盞面，如疏星淡月。」

一二七、〈秦樓月〉　　書合曲詩卷

秋蕭索①。秋來不奈情懷惡②。情懷惡。西風一曲，醉鄉寥廓③。
　　宮聲自與商聲約④。珠喉玉管都忘卻⑤。都忘卻。行雲不散，
月高山閣⑥。

【箋注】

①蕭索：蕭條冷落。晉陶潛〈自祭文〉：「天寒夜長，風氣蕭索，鴻雁于征，草木黃落。」

②秋來不奈情懷惡：秋天到來，情緒也隨之憔悴，無法忍受。

③西風一曲，醉鄉寥廓：在秋風中吹奏一曲，進入醉酒後的空闊境界。醉鄉：指醉酒後神志不清的境界。南唐李煜〈錦堂春〉：「醉鄉路穩宜頻到，此外不堪行。」寥廓：空曠深遠。唐韋應物〈仙人祠〉：「蒼岑古仙子，清廟閟華容。千載去寥廓，白雲遺舊蹤。」

④宮聲自與商聲約：宮聲和商聲互相調和約束。指旋律和諧。

⑤珠喉玉管都忘卻：音樂動聽，使人進入渾然忘我的境地。珠喉：圓轉如珠的歌喉。宋楊億〈夜宴〉：「鶴蓋留飛舄，珠喉怨落梅。」玉管：泛指管樂器。宋辛棄疾〈菩薩蠻‧和夏中玉〉：「臨風橫玉管，聲散江天滿。」

⑥行雲不散，月高山閣：雲兒流動不散去，時間漸晚，月亮高升於樓閣之上。山閣：依山而築的樓閣。金元好問〈溪橋獨步〉：「納納溪橋逗晚風，水村山閣往來通。」

一二八、〈浣溪沙〉　賀石仲璋侍御父年八十五，拜司徒，五子皆貴仕①

拂旦恩麻下玉墀②。六朝元老萬人知。知公福慶世間稀。　　年過太公漁
渭日，官如鄭武相周時③。一行金帶五男兒④。

【編年】

大德四年（1300），石仲璋由侍御轉赴河南肅政廉訪使，故本詞當作於五
十八歲之前。

【箋注】

① 賀石仲璋侍御父年八十五，拜司徒，五子皆貴仕：祝賀石仲璋侍御的父親
八十五大壽，官拜司徒，所生五子皆是顯貴的高官。石仲璋：生卒不詳。
歷任尚書，大德四年（1300）之冬十月，由侍御轉赴河南肅政廉訪使。司
徒：官名。相傳少昊始置，唐虞因之。周時為六卿之一，曰地官大司徒。
掌管國家的土地和人民的教化。漢哀帝元壽二年，改丞相為大司徒，與大
司馬、大司空並列三公。東漢時改稱司徒，歷代因之，明廢。後稱戶部尚
書為大司徒。貴仕：顯貴的官位。晉潘岳〈西征賦〉：「或著顯績而嬰時戮，
或有大才而無貴仕。」

② 拂旦恩麻下玉墀：一大清早，朝廷便傳來詔書。拂旦：拂曉。金董解元《西
廂記諸宮調》卷四：「今夕察之，拂旦報公。」玉墀：宮殿前的石階，此借
指朝廷。南朝宋顏延之〈宋文皇帝元皇后哀策文〉：「灑零玉墀，雨泗丹掖。」

③ 年過太公漁渭日，官如鄭武相周時：雖過了太公呂尚漁釣待用的時代，卻
依然擁有武公輔佐周朝時的地位。這裡以呂尚和鄭莊公的典實為喻，盛讚
壽星的賢明與高位。太公漁渭：即周初賢臣太公望呂尚，曾垂釣於渭水。
典見《史記・齊太公世家》：「呂尚蓋嘗窮困，年老矣，以漁釣奸周西伯。
西伯將出獵，卜之，曰『所獲非龍非螭，非虎非羆；所獲霸王之輔』。於是
周西伯獵，果遇太公於渭之陽，與語大說，曰：『自吾先君太公曰『當有聖
人適周，周以興』。子真是邪？吾太公望子久矣。』故號之曰『太公望』，
載與俱歸，立為師。」鄭武相周：鄭武公（？～B.C. 744），姓姬，名掘突，
為春秋時代鄭國君主（B.C. 771～B.C. 744）。其父鄭桓公在周幽王時出任司
徒，於前 771 年犬戎攻陷鎬京時被殺。鄭武公除承襲父親的爵位外，亦於
周平王的朝廷中出任卿士。

④ 一行金帶五男兒：膝下五子都是顯貴的官員。金帶：金飾的腰帶。古代帝
　　王、后妃、文武百官所服腰帶，有革、金、玉、銀等差別。宋梅堯臣〈十
　　一日垂拱殿起居聞南捷〉：「腰佩金魚服金帶，榻前拜跪稱聖皇。」

一二九、〈浣溪沙〉

　　元夕前一日，大雪始霽①，子京②、敬甫兩張君過余繡江別墅。既坐，
皆醉酒，索茶，遂開玉川月團③，取太初巖頂雪，和以山西羊酥④，以石竈活
火烹之⑤。而瓶中蠟梅方爛熳，於是相與嗅梅啜茶，雅詠小酌而罷。作此詞以
誌之。

　　瀲瀲清流淺見沙⑥。沙邊翠竹野人家。野人延客不堪誇。　　旋掃太初巖
　　頂雪，細烹陽羨貢餘茶⑦。古銅瓶子蠟梅花。

【箋注】

① 霽：泛指風霜雨雪停止，天氣晴好。晉張華《博物志》卷七：「武王伐紂至
　　盟津，渡河，大風波。武王操鉞秉麾麾之，風波立霽。」

② 子京：張子京，號西泉，監郡建昌，有三山堂。

③ 遂開玉川月團：於是打開了玉川團茶。玉川：本為井名。在河南濟源縣瀧
　　水北。後世詩文中常以「玉川」代稱茶。宋陸游〈晝臥聞碾茶〉：「玉川七
　　盌何須爾，銅碾聲中睡已無。」月團：團茶的一種。唐盧仝〈走筆謝孟諫
　　議寄新茶〉：「開緘宛見諫議面，手閱月團三百片。」

④ 取太初巖頂雪，和以山西羊酥：再拿出太初巖山頂的融雪，加上由羊奶提
　　煉出來的酥油。

⑤ 以石竈活火烹之：用石砌的竈，以大火烹調。活火：烈火。宋陸游〈夏初
　　湖村雜題〉之三：「寒泉自換菖蒲水，活火閑煎橄欖茶。」

⑥ 瀲瀲清流淺見沙：清澈的溪流嘩啦嘩啦流著，可以看見平淺水面下的泥
　　沙。瀲瀲：形容水流的聲音。唐韓愈〈藍田縣丞廳壁記〉：「水瀲瀲循除
　　鳴。」

⑦ 旋掃太初巖頂雪，細烹陽羨貢餘茶：隨即清掃太初巖上的雪，慢火烹調宜
　　興出產的貢餘茶。陽羨：借指宜興出產的茶。宜興，在今江蘇。秦漢時稱

陽羨，故名。宋梅堯臣〈得雷太簡自製蒙頂茶〉：「顧渚及陽羨，又復下越茗。」

一三〇、〈浣溪沙〉　　次前韻

　　世事恆河水內沙①。乾忙誰遣強離家②。如今老也不矜誇。　　檢得閒書能引睡③，煖來薄酒勝煎茶④。一江風月四時花。

【箋注】

① 世事恆河水內沙：世俗上的事，有如恆河的沙，數量多到不可計數。恆河：梵語。南亞大河。發源於喜馬拉雅山南坡，流經印度、孟加拉國入海，印度人多視為聖河。隋江總〈大莊嚴寺碑〉：「標乎剎土，比數恆河。」

② 乾忙誰遣強離家：是誰讓你這樣離開家鄉又空忙一場。乾忙：空忙。宋蘇軾〈滿庭芳〉：「蝸角虛名，蠅頭微利，算來著甚乾忙。」

③ 檢得閒書能引睡：這裡化用了宋蘇軾〈次韻答邦直子由〉：「忘懷杯酒逢人共，引睡文書信手翻。」翻查到一批可供消遣的書，能夠助人入睡。檢得：查到。唐白居易〈醉中見微之舊卷有感〉：「今朝何事一霑襟，檢得君詩醉後吟。」引睡：使入睡、催眠。唐白居易〈晚亭逐涼〉：「趁涼行繞竹，引睡臥看書。」

④ 煖來薄酒勝煎茶：此句化用宋蘇軾〈薄薄酒〉二首其一：「薄薄酒，勝茶湯；粗粗布，勝無裳。」指在寒冷的冬天喝著溫熱的薄酒，勝過烹煮的茶水。煎茶：煮茶、烹茶。唐孟貫〈贈棲隱洞譚先生〉：「石泉春釀酒，松火夜煎茶。」

一三一、〈浣溪沙〉　　賀趙文卿新娶，文卿昆仲第六，所娶魏氏

　　共說蓮花似六郎①。從來魏紫冠群芳②。多情恨不一時香。　　也甚春風閒著意③，許教國色嫁橫塘④。海枯石爛兩鴛鴦。

【箋注】

① 共說蓮花似六郎：大家都說你的長相俊美。典見《舊唐書・楊再思傳》：「易

之之弟昌宗以姿貌見寵倖，再思又諛之曰：『人言六郎面似蓮花；再思以為蓮花似六郎，非六郎似蓮花也。』其傾巧取媚也如此。」張昌宗行六，故云。

② **從來魏紫冠群芳**：牡丹花向來是百花之王。**魏紫**：牡丹花名貴品種之一。相傳為宋時洛陽魏仁浦家所植，色紫紅，故名。宋辛棄疾〈臨江仙〉：「魏紫朝來將進酒，玉盤盂樣先呈。」

③ **著意**：有意。宋辛棄疾〈卜算子〉：「著意尋春不肯香，香在無尋處。」

④ **許教國色嫁橫塘**：才會讓牡丹嫁接在池塘裡。意謂才會讓這麼美麗的女子嫁給你。**國色**：美麗的花，多指牡丹。此用以形容新嫁娘姿容極美，讚其容貌冠絕一國。宋黃庭堅〈書幽芳亭〉：「士之才德蓋一國則曰國士，女之色蓋一國則曰國色。」

一三二、〈感皇恩〉　張子京以春臺子瞻椅見許，以詞催之

公子說春臺，其光如水①。相對偏宜子瞻椅②。老父危坐，不覺耳聞心喜③。慨然都見許，情何已④。　　禪榻鬢絲，繩床烏几⑤。前輩風流要吾比。繡江風月，鷗鷺已應知矣。幾時分付到，中庵裏⑥。

【箋注】

① **公子說春臺，其光如水**：公子提到春日登覽的地方，那裡的光線明亮澄澈，如水一般。**春臺**：春日登眺覽勝之處。唐賈島〈送劉式洛中覲省〉：「晴峯三十六，侍立上春臺。」

② **相對偏宜子瞻椅**：坐在可以折疊和靠背的子瞻椅上，最適合欣賞風光。**偏宜**：特別合適。前蜀李珣〈浣溪紗〉：「入夏偏宜澹薄妝，越羅衣褪鬱金黃。」**子瞻椅**：即東坡椅。指一種有靠背可以折疊的椅子。

③ **老父危坐，不覺耳聞心喜**：我正身而坐，聽到這個消息，心情也很喜悅。**危坐**：古人以兩膝著地，聳起上身為「危坐」。泛指正身而坐。唐元稹〈鶯鶯傳〉：「張生拭目危坐久之，猶疑夢寐；然而修謹以俟。」

④ **慨然都見許，情何已**：很爽快地送我，實在感激不盡。**慨然**：爽快不吝惜的樣子。宋蘇洵〈途次長安上都漕傅諫議〉：「慨然棄鄉廬，劫劫道路間。」

見許：答應我。金董解元《西廂記諸宮調》卷三：「生謝曰：『不才小子，過蒙腆餉，然昨者兜賊叩門，夫人以親見許。』」何已：用反問的語氣表示無盡。唐李白〈金門答蘇秀才〉：「採薇行笑歌，眷我情何已。」

⑤ 禪榻鬢絲，繩床烏几：我頭髮雪白靠在禪床邊，背後還墊著烏皮几坐在繩床上。上句化用唐杜牧〈題禪院〉：「今日鬢絲禪榻畔，茶煙輕颺落花風。」繩床：一種可以折疊的輕便坐具。以板爲之，並用繩穿織而成，又稱「胡床」、「交床」。唐白居易〈愛詠詩〉：「坐倚繩床閒自念，前生應是一詩僧。」烏几：即烏皮几。烏羔皮裹飾的小几案，古人坐時用以靠身。唐杜甫〈風疾舟中伏枕書懷三十六韻〉：「烏几重重縛，鶉衣寸寸珍。」

⑥ 幾時分付到，中庵裏：什麼時候才將子瞻椅送到我家。含有催促之意。

一三三、〈感皇恩〉　　立秋後一日有感

雲月淡幽窗，黃昏微雨。窗外梧桐共人語。秋來情味，便覺今宵如許①。斷腸楊柳苑，芙蓉浦。　　青鬢易消，朱顏難駐②。行樂光陰水東注③。山林朝市，兩地笑人返袂④。傷心都付與，潘郎句⑤。

【箋注】

① 秋來情味，便覺今宵如許：秋日到來，便感覺今夜有秋的情趣。

② 青鬢易消，朱顏難駐：濃黑的鬢髮容易消褪，但青春的容顏卻難以停留。青鬢：濃黑的鬢髮。宋賀鑄〈行路難〉：「酌大斗，更爲壽，青鬢常青古無有。」

③ 行樂光陰水東注：遊樂的時光一如東流水，逝去不復返。

④ 山林朝市，兩地笑人返袂：意謂一生徘徊奔走在官場和山居之間，而今青春不再，不免傷心感懷。朝市：泛指名利之場。晉陶潛〈感士不遇賦〉：「擁孤襟以畢歲，謝良價於朝市。」返袂：亦作「反袂」。用衣袖拭淚，形容哭泣。《公羊傳·哀公十四年》：「反袂拭面，涕沾袍。」

⑤ 傷心都付與，潘郎句：感傷的心情都託付在潘岳的文章裡。潘郎：指晉潘岳。岳少時美容止，故稱。宋史達祖〈夜行船〉：「白髮潘郎寬沈帶，怕看山，憶他眉黛。」

一三四、〈卜算子〉　　長白山中作

長白汝來前，問汝何年有。只自雲間偓僆高，不肯輕低首①。　　我即是中庵，汝作中庵友。怪得朝來爽氣多，浮動杯中酒②。

【箋注】

① 只自雲間偓僆高，不肯輕低首：獨自聳立在又高又遠的地方，不願輕易低頭。偓僆：高聳貌。唐楊炯〈青苔賦〉：「借如靈山偓僆，巨壁崔巍，畫千峰而錦照，圖萬壑而霞開。」

② 怪得朝來爽氣多，浮動杯中酒：前句典出《晉書‧王徽之傳》：「嘗從沖行，值暴雨，徽之因下馬排入車中，謂曰：『公豈得獨擅一車！』沖嘗謂徽之曰：『卿在府日久，比當相料理。』徽之初不酬答，直高視，以手版柱頰云：『西山朝來，致有爽氣耳。』」意指早上盡是涼爽之氣，使得杯內的酒不斷流動。怪得：難怪。唐曹唐〈小遊仙詩〉之四四：「怪得蓬萊山下水，半成沙土半成塵。」

一三五、〈卜算子〉　　望湖山

落日望湖山，山在空濛裏。劍佩冠裳整頓嚴，欲作崔嵬起①。　　我病正無聊，見此奇男子。急往從之呼不應，癡絕還如此。

【箋注】

① 劍佩冠裳整頓嚴，欲作崔嵬起：收拾好寶劍和垂佩，穿戴好衣帽，想要登上那高山。劍佩：寶劍和垂佩。南朝宋鮑照〈代蒿里行〉：「虛容遺劍佩，實貌戢衣巾。」

一三六、〈黑漆弩〉　　村居遣興

高巾闊領深村住①。不識我、喚作傖父②。掩白沙、翠竹柴門，聽徹秋來夜雨。　　閒將得失思量，往事水流東去。便直交、畫卻凌煙，甚是功名了處③。

【校勘】

〔高巾〕：清文淵閣《四庫全書》本作「長巾」。

〔便直交〕：清文淵閣《四庫全書》本作「便直教」。

【箋注】

①高巾闊領深村住：將布巾裹頭，身著寬領衣裳。形容野居生活的舒適自在。

②不識我、喚作傖父：大家不認識我，都叫我老頭子。傖父：晉南北朝時，南人譏北人粗鄙，蔑稱之為傖父。後以泛指粗俗鄙賤之人。南朝宋劉義慶《世說新語・雅量》：「昨有一傖父來寄亭中，有尊貴客，權移之。」

③便直交、畫卻凌煙，甚是功名了處：感慨將功臣的圖像畫在凌煙閣上，便是人生成就的最終歸宿、結局。直交：又作「直教」。簡直使某人或某事如何。金元好問〈摸魚兒〉：「恨人間、情是何物，直教生死相許。」

一三七、〈黑漆弩〉　　次前韻

　　吾廬恰近江鷗住。更幾箇、好事農父①。對青山、枕上詩成，一障沙頭風雨②。　　酒旗只隔橫塘，自過小橋沽去③。儘疏狂、不怕人嫌，是我生平喜處。

【校勘】

〔恰近〕：清文淵閣《四庫全書》本作「卻近」。

〔障〕：清文淵閣《四庫全書》本作「陣」。

【箋注】

①更幾箇、好事農父：還有幾個熱心助人的農夫。好事：謂熱心助人。宋陸游〈貧病〉：「好事鄰僧勤送米，過門溪友強留魚。」

②對青山、枕上詩成，一障沙頭風雨：躺在枕頭上，面對著青山寫詩，在環繞堤防的沙洲邊，忽然吹起風雨。沙頭：沙洲邊。南唐馮延巳〈臨江仙〉：「隔江何處吹橫笛？沙頭驚起雙禽。」

③酒旗只隔橫塘，自過小橋沽去：酒店就在水塘的附近，於是走過小橋買酒
　去。酒旗：即酒帘。酒店的標幟。宋周邦彥〈驀山溪〉：「十載卻歸來，倦
　追尋酒旗戲鼓。」

一三八、〈好事近〉　　贈吹簫趙生

　　行樂酒尊前，全減向來時節①。今日玉簫聲裏，捲露荷金葉②。　　　醉中
如在鳳凰臺，風境更清絕。扶起滿身花影，步溪橋明月。

【箋注】

①**行樂酒尊前，全減向來時節**：一邊飲酒一邊吹奏娛樂，使人忘卻過去的時
　光。

②**金葉**：金屬簧片。《詩經·王風·君子陽陽》：「左執簧。」宋朱熹集傳：「簧，
　笙竽管中金葉也。蓋笙竽皆以竹管植於匏中，而竅其管底之側，以薄金葉
　障之，吹則鼓之而出聲，所謂簧也。」

一三九、〈鳳凰臺上憶吹簫〉　　贈吹簫東原①趙生

　　千古虞韶，鳳凰飛去，太平雅曲誰傳②。有碧瓊霜管③，猶似當年。妙處
風流幾許，待試問、天外飛仙。西州客，心邊賺得，一味春偏④。　　　清
秋畫欄高倚，屏金縷紅牙，羯鼓湘絃⑤。倩玉觴呼起，悲壯清圓⑥。嫋嫋
餘音未了，正夜靜、月上寒天。青燈外，有人無語悽然⑦。

【箋注】

①**東原**：古地區名。相當今山東運河以西，汶水下游一代。

②**千古虞韶，鳳凰飛去，太平雅曲誰傳**：虞舜以來的韶樂，自從蕭史和弄玉
　乘著鳳凰飛離後，還有誰留存著治世時典雅的樂曲呢？**虞韶**：謂虞舜時的
　韶樂。宋梅堯臣〈送趙升卿之韶幕〉：「俎肉應多味，虞韶不復聞。」**雅曲**：
　典雅的樂曲。唐太宗〈春日玄武門宴群臣〉：「清尊浮綠醑，雅曲韻朱弦。」

③**碧瓊霜管**：簫管的美稱。

④**西州客，心邊賺得，一味春偏**：浪跡西州的客人，心裡總是惦念著春天。

西州客：指吹簫趙生。趙姓源自甘肅天水，天水古稱西州。**賺得**：贏得、博得。唐皮日休〈館娃宮懷古〉之一：「越王大有堪羞處，衹把西施賺得吳。」

⑤ **清秋畫欄高倚，屏金縷紅牙，羯鼓湘絃**：在明淨爽朗的秋天，倚靠在雕飾精美的欄杆上，吹奏〈金縷曲〉，以羯鼓和湘絃伴奏。**清秋**：明淨爽朗的秋天。唐杜甫〈宿府〉：「清秋幕府井梧寒，獨宿江城蠟炬殘。」**金縷**：曲調〈金縷曲〉、〈金縷衣〉的省稱。唐羅隱〈金陵思古〉：「綺筵〈金縷〉無消息，一陣征帆過海門。」**紅牙**：樂器名。檀木製的拍板，用以調節樂曲的節拍。宋司馬光〈和王少卿十日與留臺國子監崇福宮諸官赴王尹賞菊之會〉：「紅牙板急絃聲咽，白玉舟橫酒量寬。」**羯鼓**：古代打擊樂器的一種。起源於印度，從西域傳入，盛行於唐開元、天寶年間。唐溫庭筠〈華清宮〉：「宮門深鎖無人覺，半夜雲中羯鼓聲。」**湘絃**：亦作「湘弦」。即湘瑟。唐孟郊〈湘弦怨〉：「湘弦少知意，孤響空踟躕。」

⑥ **倩玉觴呼起，悲壯清圓**：請人拿起酒杯，一邊聽著悲哀雄壯、清亮圓潤的簫聲。**玉觴**：玉杯，亦泛指酒杯。宋辛棄疾〈一落索·閨思〉：「玉觴淚滿卻停殤，怕酒似郎情薄。」**清圓**：謂聲音清亮圓潤。宋蘇轍〈贈杭僧道潛〉：「賦形已孤潔，發響仍清圓。」

⑦ **青燈外，有人無語悽然**：青熒的油燈外，有人默默無語，表情淒涼哀傷。**悽然**：淒涼悲傷貌。唐高適〈除夜作〉：「旅館寒燈獨不眠，客心何事轉悽然？故鄉今夜思千里，霜鬢明朝又一年。」

一四〇、〈定風波〉　　次韻答人見寄

　　率意謳吟信手書①。山間行坐水邊居。不是幽閑偏自好。知道。濟時才具本來無②。　　植柳移花兼種竹。多故③。此心更看幾時除。說著廟堂誰辦得④。曾憶。只宜公等不宜予。

【箋注】

① **率意謳吟信手書**：隨意歌吟，一邊把詩句記錄下來。**率意**：隨意、輕率。晉陸機〈文賦〉：「是以或竭情而多悔，或率意而寡尤。」**謳吟**：歌吟。漢王褒〈四子講德論〉：「婆娑謳吟，鼓掖而笑。」

② **濟時才具本來無**：本來就欠缺救世的才能。濟時：猶濟世、救時。《舊唐書‧隱逸傳序》：「退無肥遁之貞，進乏濟時之具。」才具：才能。《三國志‧彭羕傳》：「卿才具秀拔，主公相待至重，謂卿當與孔明、孝直諸人齊足並驅。」

③ **多故**：多變亂。《史記‧陳丞相世家論》：「及呂后時，事多故矣，然平竟自脫，定宗廟，以榮名終，稱賢相，豈不善始善終哉！」

④ **說著廟堂誰辦得**：說到誰有能力治理朝廷的事務。廟堂：朝廷。宋范仲淹〈岳陽樓記〉：「居廟堂之高，則憂其民；處江湖之遠，則憂其君。」

一四一、〈太常引〉　憶歸

　　無窮塵土與風濤①。名利兩徒勞②。解印便逍遙③。算只有、淵明最高④。
　　　　小窗幽圃，種蘭栽菊，心遠氣應豪⑤。海上摘蟠桃。不許見、秋霜鬢毛。

【箋注】

① **無窮塵土與風濤**：經歷過無數艱險的遭遇。風濤：本指風浪，此用以比喻艱險的遭遇。唐項斯〈欲別〉：「歸期無歲月，客路有風濤。」

② **名利兩徒勞**：去追求名和利都是白費心力。徒勞：空自勞苦、白費心力。晉葛洪《抱朴子‧釋滯》：「但暗誦此經，而不得要道，直為徒勞耳。」

③ **解印便逍遙**：罷官回鄉後便感覺自在，不受拘束。解印：「解印綬」的省稱，解下印綬。謂罷免官職。唐王維〈濟上四賢詠〉：「解印歸田里，賢哉此丈夫。」

④ **算只有、淵明最高**：大概也只有陶淵明最屬清高了。淵明：陶潛（365～427），東晉潯陽柴桑人，陶侃的曾孫，一名淵明，字元亮，安貧樂道，少時有高尚情操，厭惡當時政治和社會的腐敗，不願做官。曾因家貧而幾度出仕，最後任彭澤令八十餘天，便辭職隱於柴桑。過著悠閒的耕讀生活。嘗作〈五柳先生傳〉以自比，世稱「靖節先生」，詩名尤高，堪稱古今隱逸詩人的宗師。

⑤ **小窗幽圃，種蘭栽菊，心遠氣應豪**：在窗邊清幽的園圃裡，種植蘭花和菊花，因為遠離塵俗紛擾，感覺爽快而無拘束。

一四二、〈婆羅門引〉　送李士元之荊南提刑經歷

京華逆旅，轉頭歲月十年中①。悠悠真賞難逢②。牢落黃金已盡，僕馬亦龍鍾③。但平生豪氣，未減元龍④。　臨江故封。吳與蜀，渺西東。此幕聊堪一笑，且嘆途窮⑤。扁舟南下，正霜落荊門江樹空⑥。詩有興、說與飛鴻。

【箋注】

① 京華逆旅，轉頭歲月十年：旅居京城，轉眼間就過了十年。京華：京城之美稱。唐張九齡〈上封事〉：「京華之地，衣冠所聚。」轉頭：轉動頭部。比喻時間短暫。金元好問〈雜著〉之九：「半紙虛名百戰身，轉頭高塚臥麒麟。」

② 悠悠真賞難逢：漫長的歲月裡卻難以和值得賞識的人相遇。悠悠：久長、久遠。唐白居易〈長恨歌〉：「悠悠生死別經年，魂魄不曾來入夢。」真賞：指真能賞識的人。金元好問〈別周卿弟〉：「苦心亦有孟東野，真賞誰如高蜀州。」

③ 牢落黃金已盡，僕馬亦龍鍾：寥落的財貨將要散盡，僕從和乘馬也變得衰老。牢落：猶寥落。稀疏零落貌。唐羅鄴〈仆射陂晚望〉：「田園牢落束歸晚，道路辛勤北去長。」僕馬：僕從與乘馬。《後漢書·宋意傳》：「婚姻之盛，過於本朝；僕馬之眾，充塞城郭。驕奢僭擬，寵祿隆過。」

④ 但平生豪氣，未減元龍：東漢陳登，字元龍，有豪氣。許汜見登，登久不相與言，自上大床臥，使汜臥下床。典見《三國志·卷七·魏書七·陳登傳》。此謂平生只有豪邁的氣概未損。

⑤ 此幕聊堪一笑，且嘆途窮：這情景姑且能一笑置之，卻感嘆起處境窘迫。途窮：喻走投無路或處境困窘。南朝宋顏延之〈五君詠·阮步兵〉：「物故不可論，途窮能無慟。」

⑥ 扁舟南下，正霜落荊門江樹空：乘著小船順流南下，途經荊門時，正是霜雪飛落、江樹空枝的季節。荊門：縣名，位於湖北省境中部，介於漳水、漢水之間，荊山山脈東南。

一四三、〈婆羅門引〉　壽大智先生

草堂瀟洒，今年初種碧琅玕①。更宜野菊幽蘭。便信先生於此，真箇不求

官。但西風攬鏡，落日憑欄。　　耕筆釣磻②。算遭遇，未應難。好待青霄得路，穩上長安。良辰樂事，且展放尊前舞袖寬③。天影外、秋色南山。

【箋注】

① 草堂瀟洒，今年初種碧琅玕：草舍幽雅潔淨，今年剛種下新綠的竹枝。瀟洒：亦作「瀟灑」。幽雅、整潔。唐姚合〈溪路〉：「此路何瀟灑，永無公卿跡。日日多往來，藜杖與桑屐。」琅玕：形容竹之青翠，亦指竹。宋梅堯臣〈和公儀龍圖新居栽竹〉之二：「聞種琅玕向新第，翠光秋影上屏來。」

② 耕筆釣磻：平時參與寫作和釣魚。磻：磻溪，河川名。在今陝西省寶雞縣東南，源出南山，合成道宮水，北流入渭水。相傳為姜太公垂釣處。或稱為「璜溪」。唐韓愈〈和裴僕射相公假山十一韻〉：「傅氏築已卑，磻溪釣何激。」

③ 良辰樂事，且展放尊前舞袖寬：在這個值得慶祝的好時機，暫且飲酒作樂，盡情跳舞娛樂吧。

一四四、〈漁家傲〉　　餞表兄魏鵬舉歸華亭寓居

矍鑠詩翁人共許①。遠遊不怕別離苦。夢裏華亭亭下路。來又去。扁舟一葉輕如舞。　　二陸②人材今似古。五湖風景饒煙雨③。倦處一杯君自舉。還有路。江山信美非君土④。
以上《中庵集》卷二十五。

【箋注】

① 矍鑠詩翁人共許：詩翁年紀雖高，精神卻依然暢旺，這是大家所稱許的。矍鑠：形容老人目光炯炯、精神健旺。唐劉禹錫〈贈致仕滕庶子〉：「矍鑠據鞍時騁健，殷勤把酒尚多情。」

② 二陸：指晉陸機、陸雲兄弟。《晉書·陸雲傳》：「少與兄機齊名，雖文章不及機，而持論過之，號曰『二陸』。」唐高適〈酬裴員外以詩代書〉：「兄弟真二陸，聲華連八裴。」

③ 五湖風景饒煙雨：五湖一帶長年飄著濛濛細雨，使得風光景色顯得有情味。

④ 江山信美非君土：即使那邊的江河山岳多麼美麗，也不是你的故鄉。

補　遺

一四五、〈點絳唇〉

　　人至，承以二絕句見貺，清簡幽深，情意都盡①，披閱諷詠，如接芝宇，感慰可勝言哉②。輒有小詞，錄奉一笑，且以寄企響之意云，劉敏中上。

　　短夢驚回，北窗一陣芭蕉雨③。雨聲還住。斜日明高樹④。　　起望行雲，送雨前山去⑤。山如霧⑥。斷虹猶怒。直入山深處⑦。

　　《雪樓集》卷二十八。

【校勘】

〔點降唇〕：文津閣本有題名「寄程雪樓」。

【箋注】

①清簡幽深，情意都盡：言詞清新簡約，意義深遠，能確實表達情意。清簡：清新簡練。宋沈括《夢溪筆談‧人事一》：「氣韻閑曠，言詞清簡。」

②披閱諷詠，如接芝宇，感慰可勝言哉：閱讀吟詠友人所見贈的絕句，就像是見到對方一般，感動之情哪裡是言語所能窮盡的呢？披閱：開卷閱覽。《舊唐書‧卷一六七‧段文昌傳》：「成式字柯古，以蔭入官，為祕書省校書郎。研精苦學，祕閣書籍，披閱皆遍。」諷詠：諷誦吟詠。晉張華《博物志》卷十：「席不正不坐，割不正不食，聽誦詩書諷詠之音，不聽淫聲，不視邪色。」芝宇：《新唐書‧元德秀傳》：「房琯每見德秀，歎息曰：『見紫芝眉宇，使人名利之心都盡。』」後遂以「芝宇」為稱人容顏的敬詞，常用於書信中。感慰：感激欣慰。唐李商隱〈為滎陽公與京兆李尹狀〉：「伏承榮膺新命，伏惟感慰。」

③短夢驚回，北窗一陣芭蕉雨：小睡入夢時，卻被窗外落在芭蕉葉上的陣雨給驚醒。

④雨聲還住。斜日明高樹：窗外雨聲已停，夕陽斜照在大樹上。

⑤起望行雲，送雨前山去：起身遠望，雲已飄向前山，為山邊帶來陣雨。

⑥山如霧：遠山因有烏雲籠罩，山色一片朦朧，如雲似霧。

⑦斷虹猶怒。直入山深處：殘虹仍然生氣勃勃，色彩豔麗，直接往深山處進

入。**斷虹**：一段彩虹、殘虹。宋歐陽修〈臨江仙〉：「柳外輕雷池上雨，雨聲滴碎荷聲，小樓西角斷虹明。」

一四六、〈菩薩蠻〉　　月夕對玉簪獨酌①

遙看疑是梅花雪②。近前不似梨花月③。秋入一簪涼。滿庭風露香。
　　舉杯香露洗④。月在杯心裏。醉眼月徘徊⑤。玉鸞花上飛⑥。
文津閣本《中庵集》卷六。

【箋注】

①月夕對玉簪獨酌：月夜裡獨自對著玉簪花飲酒。月夕：月夜。唐韋應物〈白沙亭逢吳叟歌〉：「嘗陪月夕竹宮齋，每返溫泉灞陵醉。」

②遙看疑是梅花雪：遠看以為是如梅花落地的白雪。

③近前不似梨花月：靠近前看，卻又不像如梨花布地的乳白色月光。梨花月：如梨花布地的溶溶月色。宋史達祖〈陽春曲〉：「杏花煙，梨花月，誰與暈開春色。」

④舉杯香露洗：舉起酒杯，玉簪上的露水便滴落杯中。香露：花草上的露水。唐溫庭筠〈芙蓉〉：「濃豔香露裏，美人清鏡中。」

⑤醉眼月徘徊：酒醉後迷糊的雙眼，看著月亮緩慢移動。徘徊：徐行貌。宋蘇軾〈前赤壁賦〉：「少焉，月出於東山之上，徘徊於斗牛之間。」

⑥玉鸞花上飛：彷彿是白雪在花上飛旋。玉鸞：喻雪。宋辛棄疾〈水調歌頭‧吳江觀雪〉：「造物故豪縱，千里玉鸞飛。」

一四七、〈南鄉子〉　　老病自戲

老境日蹉跎①。無計逃他百病魔。強打支撐相伴住，難呵。也是先生沒奈何。　　耳重眼花多。行則欹危語則訛②。暗地自憐還自笑，休麼。智者能調五臟和③。
文津閣本《中庵集》卷六。

【箋注】

①老境日蹉跎：老年的情況一日不如一日。**老境**：老年時期。宋陸游〈檢舊詩偶見〉：「老境漸侵歡意盡，舊遊欲說故人稀。」**蹉跎**：衰退。唐薛逢〈追昔行〉：「嘆息人生能幾何，喜君顏貌未蹉跎。」

②行則欹危語則訛：走路歪斜不穩，講話則是顛三倒四，錯誤頻頻。**欹危**：傾斜不平貌。唐杜甫〈江畔獨步尋花〉之二：「稠花亂蕊裹江濱，行步欹危實怕春。」

③智者能調五臟和：有智慧的人能夠調理五臟機能，使其和順。**五臟**：指心、肝、脾、肺、腎五種器官。漢荀悅《漢紀·元帝紀》：「五臟病則氣色變於面。」

一四八、〈鵲橋仙〉　　觀接牡丹

　　栽時白露，開時穀雨①。培養工夫良苦。閒園消息阿誰傳，算只是、司花說與②。　　　寒梢一拂，芳心寸許。點破凡根宿土③。不知魏紫是姚黃④，到來歲、春風看取。
文津閣本《中庵集》卷六。

【箋注】

①栽時白露，開時穀雨：在白露時節種下牡丹，等到穀雨時便會開花。**白露**：二十四節氣之一，每年在陽曆九月八日前後。《逸周書·時訓》：「白露之日鴻鴈來。」**穀雨**：二十四節氣之一。在四月十九、二十或二十一日。宋歐陽修〈洛陽牡丹記〉：「洛花，以穀雨為開候。」

②閒園消息阿誰傳，算只是、司花說與：由誰傳遞這塊田地的信息，當然就是那管理百花的花神了。**閒園**：亦作「閑園」。空置之園。唐張南史〈陸勝宅秋暮雨中探韻同作〉：「同人永日自相將，深竹閒園偶辟疆。」

③點破凡根宿土：從舊有的土壤裡冒出芽來。**宿土**：舊有的土壤。《農桑輯要》：「諺云：『種竹無時，下雨便移，多留宿土，記取南枝。』」

④不知魏紫是姚黃：不知道長出來的是魏紫還是姚黃。魏紫姚黃是宋代洛陽兩種名貴的牡丹品種。魏紫，千葉肉紅花，出於五代魏仁溥家；姚黃，千葉黃花，出於民間姚氏家。

一四九、〈沁園春〉

余既以「太初」命石，且爲記。客曰：雖命之，不可無號，號所以貴之也。乃以己意，號之曰「蒼然」，余復援稼軒例作樂府〈沁園春〉一首，改名曰「蒼然吟」，附於記後。

石汝來前，號汝蒼然，名之太初。問太初而上，還能記否，蒼然於此，為復何如。偓促難親，昂藏不語，無乃於予太簡乎①。須臾便，喚一庭風雨，萬竅號呼②。　　依稀似道狂夫。在一氣、何分我與渠③。但君纔見我，奇形怪狀，我先知子，冷淡清虛④。撐拄黃壚，莊嚴繡水，攘斥紅塵力有餘⑤。今何夕，倚長風三叫，對此魁梧⑥。

文津閣本《中庵集》卷六。

【編年】

本首詞既附於〈太初巖記〉後，按記文中云：「大德甲辰三月，余歸自京師，張君秀實爲余言：『頃行百脈南，土中有石，得其膚，奇焉，誌而取之未暇也。願效諸子。』余使視之，果奇而取之。」。故本詞當作於大德八年（1304）。

【校勘】

〔怪狀〕：清文淵閣《四庫全書》本作「異狀」。

【箋注】

①**偓促難親，昂藏不語，無乃於予太簡乎**：化用自《論語‧雍也》：「居簡而行簡，無乃太簡乎？」謂太初巖高聳難以親近，外在超群魁梧，默默矗立著，對我而言豈不是太隨便散漫了嗎？**昂藏**：超群出眾貌。北魏酈道元《水經注‧淇水》：「又東北，沾水注之。水出壺關東沾臺下，石壁崇高，昂藏隱天。」**無乃**：亦作「無迺」。恐怕是、莫非。表示委婉測度的語氣。唐韓愈〈行難〉：「由宰相至百執事凡幾位，由一方至一州凡幾位，先生之得者，無乃不足充其位邪？」

②**須臾便，喚一庭風雨，萬竅號呼**：在很短的時間內呼喚大風雨，使得所有的孔竅都發出哀嚎的聲音。**號呼**：哀嚎哭喊，大聲叫喚。語出《詩經‧大雅‧蕩》：「既愆爾止，靡明靡晦。式號式呼，俾晝作夜。」唐柳宗元〈補

蛇者說〉：「號呼而轉徙，飢渴而頓踣。」

③ **在一氣、何分我與渠**：在一起又何必分我和你。一氣：聲氣相通、一伙。
唐崔國輔〈奉和華清宮觀行香應制〉：「雲物三光裏，君臣一氣中。」

④ **冷淡清虛**：猶幽寂冷清。

⑤ **撐拄黃壚，莊嚴繡水，攘斥紅塵力有餘**：意謂在莊重嚴整的繡水，傷懷過
往，摒斥世俗。撐拄：支撐、頂拄。漢陳琳〈飲馬長城窟行〉：「君獨不見
長城下，死者骸骨相撐拄。」**攘斥**：排斥、驅除。唐韓愈〈進學解〉：「觝
排異端，攘斥佛老。」

⑥ **今何夕，倚長風三叫，對此魁梧**：而今是何時，面對這塊高大的岩石，站
在大風之中長叫三聲。魁梧：猶言高大壯實。宋黃庭堅〈武昌松風閣〉：「我
來名之意適然，老松魁梧數百年。」